U0032128

臺北市芳和實驗中學——著

一起踏上實驗教育的征途

臺北市第一所公辦公營實驗中學

遠征探索式學習經驗分享

106年

籌備階段

8/24　3/17　1/23

芳和的影像記憶

國際交流

在外展教育發展基金會安排下，美國芝加哥北極星中小學師生訪臺，並分享辦學經驗，對於正在籌備中的芳和幫助極大。

專家分享

寒假期間謝智謀教授來到芳和，為老師們說明探索式教育的內涵，也為芳和轉型奠下根基。

一〇七年入學的第一屆學生們，即將在今年鳳凰花開時離開芳和，也代表芳和完成了實驗三年的階段任務，且將要展開六年一貫的實驗體制，讓我們藉著影像，順著時間，快閃一段芳和的點點滴滴。

107年

6/05　5/26　3/17

獲全國戶外教育「飛揚100」國中組金牌

過去15年推動戶外教育的精彩歷程，不但為芳和贏得殊榮，更是實驗教育的堅實基礎。

國際交流

美國港邊中學師生的到訪與交流，讓老師們更深入認識探索式教育，也從學生身上感受到教育模式造就的自信與主動。

新生課程體驗營

抽籤完畢後，學校安排抽到的學生在小學未畢業前，先到芳和來體驗實驗教育的學習方式，透過「新生課程體驗營」確認自己是否能夠接受並認同實驗教育的模式。

遠征式學習工作坊

外展教育發展基金會為學校老們舉辦學習「遠征式學習工作坊」，讓老師們深入了解如何將探索精神與課程結合。基金會董事長廖炳煌親自前來帶領老師們進入外展的世界。

8/13

9/03

新生始業活動

開學了，這天新生以「初中X初衷」活動作為開學的儀式。始業活動中規劃了10項任務，照片中是「突破重圍」，要藉著椅子渡過硫酸河，讓學生們體會團隊合作的重要性。

晨運開始

晨運是孩子們進入芳和遇到的震撼教育，但也是點燃探索能量的關鍵。

｜芳和一隅｜

因為轉型改制，校門口的校名牌也換新了。

10/24 – 26

初階外展

開學沒多久，就要面對第一次的初階外展活動。從晨運的體力訓練、單車的練習開始，學生們慢慢接受著探索式教育的引導，第一次出門的他們表現雖生澀，但無論是新店騎到關渡，或從福州山走到貓空，甚至是四個人一組在城市中自行解題找答案，都能發揮潛力、完成任務。老師們也從中吸取了許多經驗，做為下一次舉辦的參考。

11/20－22

高階外展：雪山東峰

11月19號，秋假開始，不但是孩子與家長第一次體驗三學期制，第一次高階外展也在假期中舉辦，11月20日隊伍出發，展開三天兩夜的雪山東峰行程。三天的行程如下：

第一天：學校 → 雪山登山口 → 七卡山莊

第二天：七卡山莊 → 雪山東峰 → 369山莊。部分人員選擇挑戰黑森林、圈谷及雪山主峰後，再返回369山莊

第三天：雪山東峰 → 七卡山莊 → 登山口 → 返家

一群七、八年級願意挑戰自己的小勇士們，歷經近兩個月的體能訓練、行前專業課程的學習。起初，來自不同班級、不同背景的12位同學，彼此之間沒有太多的互動，但在教師逐步引導與活動帶領下，他們開始放下自我、融入團隊，開始越來越多的合作。

2/26 – 27

中階外展：陽明山福音園

中階外展的訓練重點是外宿一晚。首日一早在陽明山福音園先展開高低空繩索體驗，接著晚餐要自行野炊烤肉，最後一起參加營火。
第二天安排陽明山五連峰縱走，兩天一夜的活動考驗著大家的體力。

3/04

創新實驗教育成果發表會

臺北市創新實驗教育成果發表會中，柯文哲市長蒞臨與學生們互動。上圖為觀看學生操作適性探索課程中製作的仿生獸，下圖為參觀山野活動情境演示後的共同合影。

4/26

春季運動會

隨著芳和轉型實驗國中，學校運動會從原本11月的校慶運動會改至4月舉辦，成為春季運動日，孩子們這天承襲過去芳和體育集體參與的概念，以及「跑、跳、擲」的基本元素，以「人人都是運動員」的角度出發。不但特教班同學也一起參與活動，老師們也一起下場比賽。

6/29

獲選優質學校

臺北市108學年度優質學校頒獎典禮在臺北市立大學中正堂舉行。芳和榮獲創新實驗優質獎，這是親師生們齊心努力的成果展現。

6/22

第一屆學習慶典

為凸顯「以學生為中心」的核心價值，大膽地將學校慶典的主詞由「學校」轉移至「學生學習」。第一屆「學習慶典」整合呈現舊制最後一屆及實驗新制第一屆學生的各類學習成果，由學生擔任慶典的主人，主導整個慶典的流程及內容，家長及來賓則是成果發表的主要對象，透過外部檢視，促成學生達成「挑戰自我」及「高品質產出」的「學習遠征」目標，領略學習的意義感。

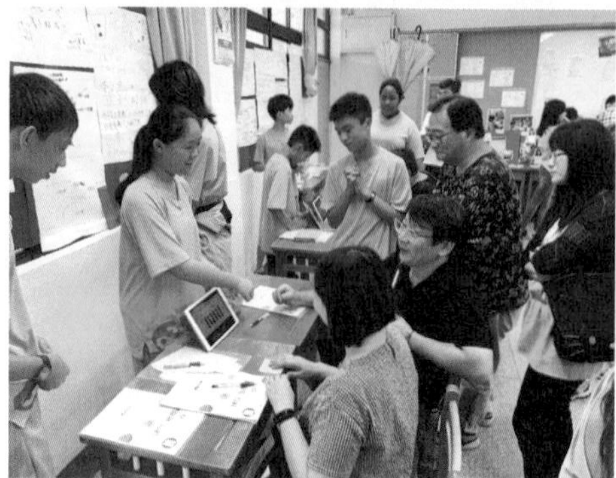

7/24－26

高階外展：加羅湖

因為原定行程嘉明湖山屋未能順利抽足床位，所以108年的高階外展活動調整課程內容，改為可以紮營的中級山加羅湖做為挑戰目標。高度、路況、林相、住宿條件等與前次百岳都不同，但也開啟了另一番感官學習與技能挑戰，成為三天兩夜的「綠野仙蹤」。並有更充裕的時間進行各項山野課程，如搭帳棚、野炊、辨別方位等。第一天抵達營地安置；第二天加羅湖來回，歷經上下山的辛苦；第三天則拔營返家。

108年

12/05

百大系列團體特優

芳和的體育團隊，以規劃遊戲性質的晨運與外展活動，營造讓孩子們勇於面對挑戰的場域，獲108學年度「百大價值學校行政故事獎」團體組特優。

11/11－13

第二次初階外展

8月開學後， 107級第一屆的學生成為學長，並在第二次初階外展中帶領學弟妹們展開活動，此次有兩個年級共同參與，隊伍更為壯觀，學生們也發揮了團隊與服務的精神，順利完成三天的外展活動。

8/13

｜芳和一隅｜

走入穿堂，就可以看見迴轉梯，是芳和校園的建築特色之一。

4/10

高中部籌備處揭牌

高中籌備處正式成立，成為臺北市第一所公辦公營的實驗完全中學，當日由臺北市副市長蔡炳坤、臺北市教育局長曾燦金以及學校、學生、家長代表共同揭牌。

3/20 – 21

高階外展：卯澳獨木舟

這學年的高階外展嘗試啟動認識海洋的課程，師生們前往卯澳外港進行兩天活動，學習獨木舟與認識海洋。

第一天進行卯澳社區的走讀及操舟基本技能的練習，第二天展開6小時的海上旅程。在驚滔駭浪中學習自處與互助、協調與排困，藉由高度結合體能與智能的挑戰活動，激發出孩子冒險進取、冷靜獨立的潛能；在深刻體驗大自然的力量後，深度反思自己與環境及團隊的定位與關係。由於這次的測試，也讓老師們順利在龍門獨木舟基地，將獨木舟活動規劃為中階外展，首次活動於7月9～10日舉行。

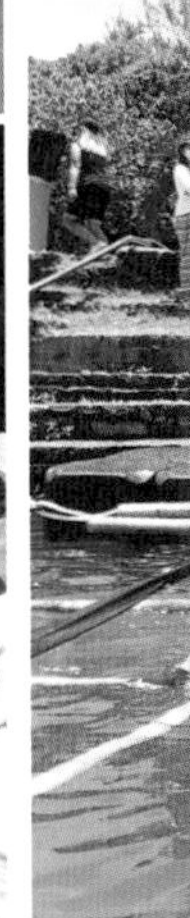

109年

7/7

7/04

第二屆學習慶典

以「學・創玩」為主題，關心的觸角更深入城市。升上8年級的第一屆學生以永續作為專題探索的議題，並在慶典中分享行動方案，也展現在適性探索課程中的成果，更重要的是學習彙報，上台報告自己在芳和的學習與進步。

ISA認證

連續兩年獲得臺北市國際學校獎(International School Award,ISA)輔導與認證實施計畫 。

7/21 – 24

高階外展；合歡群峰

本次高階外展行程為四天三夜，挑戰的百岳為合歡東峰、北峰、西峰與最後一天的石門山。孩子們經過慢行、享受獨處、反思，在高山陽光及視野的高能量灌頂下，獲得脱胎換骨的新生。而轉型後第一屆的孩子至此時，最多的已經參加過三次百岳，可以看見透過山的洗禮，這些經驗內化成孩子們身上的堅毅勇敢與謙遜自信。

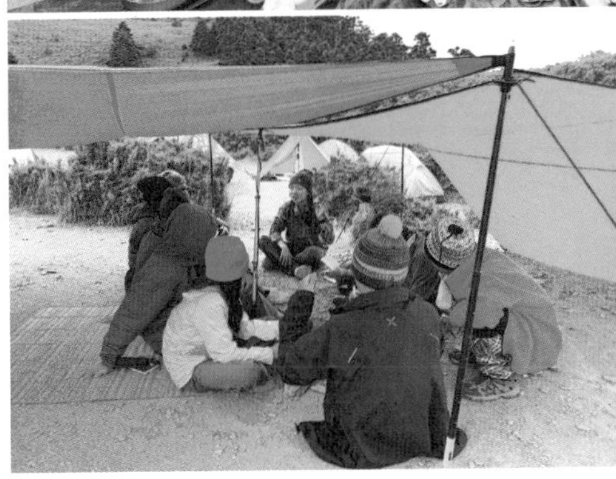

12/11

11/07－08

8/17

實驗三年：一〇九學年開始

實驗教育評鑑

芳和轉型第三年，依據「學校型態實驗教育評鑑辦法」，要接受第一次的評鑑，結果為「優良」，獲得委員們一致肯定。評鑑前一天，學生們聽說有貴賓們要來芳和，以粉筆彩繪了西側樓梯牆面，積極主動的表現，讓大家都受到感動，評鑑的呈現可以說是親師生共同努力的成績。

教育博覽會

臺北市109學年度教育博覽會以「我在學/我斜槓」為主題，在世貿中心舉行，其中實驗學校部分，由8間國中小聯合策展，並且安排講座，芳和派出學生與家長代表上台分享。

3/17

3/13

獲百大績優行政

參加臺北市109學度百大價值學校行政故事募集計畫，以「幕後的引水人」榮獲團體佳作獎。此獎項也總括芳和多年來推動健康促進學校及小田園計畫，多次獲得績優學校肯定的成果。

高中說明會

芳和高中部的成立，使臺北市公辦公營實驗教育延伸到高中階段，這天的家長說明會中，由校長說明芳和實驗教育的理念與作為；再藉影片傳達課程設計理念；最後針對入學方式作說明。

| 芳和一隅 |

校園中庭開闢成農園，讓學生親身體驗食農教育。

老師們不平常的日常

除了教學之外，老師們的行程滿滿，要不斷的自我成長與學習，也透過分享，整理心得與經驗，獲得成長與進步。

會議與共備研習

除了行政會議外，還有頻繁的領域內或跨領域的共備研習；若遇到共同的議題，則是全校老師一起參與討論。

健體領域教學研究會

學生圖像建構討論會

一般會議

戶外探索

學生探索之前，老師要先去探勘，無論是登山健行或者腳踏車行程，都親身體驗，當然也要體驗一下高空繩索的挑戰。

中階外展陽明山縱走探勘

初階河濱單車道路線探勘

龍潭渴望園區高空繩索體驗

校際交流

除有外校老師或師培生到芳和觀議課外，芳和的老師們也利用假期至其他的實驗學校交換經驗，以尋找他山之石。

公開觀課

討論議課

至臺東初鹿夢想家實驗國中交流

引動教育創新　看見城市改變

臺北市政府教育局局長　曾燦金

跨域學習、探究思考、行動實踐與反思進步，是實驗教育的核心理念及精神，更是教育的發展趨勢。臺北市為全國首善之都，肩負實驗教育公共化的使命。至一〇九學年度，臺北市已有八所公立的實驗國中小學誕生，一一〇學年度更將達成實驗教育從幼兒園延伸到高中的關鍵里程碑，其中，芳和實中即是臺北市第一所公辦公營的實驗中學，亦是全國第一所以探索式教育為核心的實驗學校。

臺北市政府教育局致力推動實驗教育政策，透過各類型的實驗教育型態，讓創新的種苗從校園蔓延到社區與家庭，引領孩子們感受學習的樂趣，開啟寬廣的視野，從而引發內心的共鳴。這本書是芳和從一般國中轉型實驗教育以來的精采歷程紀錄，如老師們改變作法，以引導代替指導的心態轉變。同時，透過跨領域的課程共備，與國內外相關學校組織交流等途徑，達成自我增能。非常高興見到這本書的出版，將這些心路歷程與關心教育的人分享。

書中提及「專題探索課程」讓人印象深刻，學生們探索的題目都與城市發展相關，如居住正義、環保永續、性別友善、無障礙環境等，皆為當今社會所關心的議題。老師們先引導學生大量閱讀，接著透過田野調查蒐集資料，過程中，其他學科的老師也同時會在課堂上導入相關的主題，讓孩子達到跨領域的學習。最後，同學們會產生行動方案去執行實踐。

教育是教人成人的希望工程，亦是為未來生活做準備的學習歷程。實驗教育強調適性發展，創造思辨的情境與內涵，引導孩子從自身出發，關懷他人到理解世界。期許芳和實中在未來有更精采的表現，時時掌握進步價值，蘊蓄創新動能，落實共學共好的教育新精神。

芳和實驗中學遠征之旅

樂觀書院創辦人　唐光華

一〇三年實驗三法通過後，臺灣實驗教育蓬勃發展，可說到了百家爭鳴的程度，無論是個人在家自學，或團體、機構等非學校型態教育實驗，學生人數皆大幅增長。臺灣在短短七年內，一下躍進為亞洲實驗教育最開放的國家。

為了因應實驗教育的浪潮，上自教育部，下至各縣市教育主管機關多積極鼓勵與催生公辦公營的中小學實驗學校，特別是少子化浪潮或人口外流地區，許多小校或則主動，或則受命於教育局，陸續踏上轉型為公立實驗學校的列車。

然而，所有公立學校決定轉型為實驗學校時，初期都面臨五項挑戰：

第一、選擇什麼教育理念，亦即，辦成什麼樣的學校？

第二、面對許多恐懼改變、拒絕改變的老師，如何說服與召喚他們支持轉型？

第三、如何消除家長與社區人士對實驗教育的誤解，了解實驗教育並非把孩子當作白老鼠，孩子不會因而被升學體制與社會淘汰？

第四、如何維繫教師、家長的持久信心、士氣，兼顧理想與現實，不怕挫折，持續支持學校實驗？

第五、如何拓展國內外教育資源，支持教育實驗？

本書翔實介紹臺北市芳和實中，在黃琬茹校長與教師團隊以民主決策模式齊心努力下，如何自一〇六年起，在短短三、四年，贏得家長支持與信任，從可能被放棄的國中，克服公立國中轉型實驗國中面臨的五大挑戰，成為師生皆充滿勇於探索創造、自發共好精神的遠征探索學校，且因辦學成績卓著，受各方期待與支持，自一一〇年起成為國高中六年一貫的實驗中學。相信芳和實中未來三年，將展開更壯闊完整的遠征之旅，繼續帶領學生探索自我、探索知識、探索社會、探索大自然。

閱讀黃琬茹校長帶領芳和實中師生遠征的故事，鼓舞所有對臺灣教育懷抱理想的教育工作者，面對教育改革與實驗的召喚，不要恐懼，只要堅持理想與熱情，一定能像芳和實中一樣，凝聚無數仁人志士，在臺灣各地共創無數教育桃花源。

從轉型到轉化

國立政治大學教育學系教授　詹志禹

本書是一種多角度的個案研究，擁有精彩的故事與創意的敘事風格，無論是對實驗教育好奇的家長、想要帶領學校轉型的校長或正在實驗創新的教師，都能在本書找到一些洞察。的確，透過芳和實驗中學這個案例，我們可以學到很多，這是他們用汗水、智慧與勇氣所換取的經驗。

芳和國中曾經跌入谷底，面臨裁併校危機，但掌握天時、地利與人和，成功轉型。天時主要指實驗教育三法的通過，地利包括臺北市政府鼓勵教育實驗創新的政策，人和例如校內教師的適時連署支持等。但是，如果只有天時、地利、人和，也只能轉型，不一定能轉化。若有型無神，只在名稱改一改、理念說一說、課程換一換、結構變一變、教法試一試，而沒有真正認同教育理念、回歸學習本質、深思學生圖像、建構有機課程、復育師生共學關係並創造優質校園文化，那麼，實驗教育終究還是夢幻泡影。

芳和徹底轉化成一所神型兼具的實驗學校，是因為智慧與勇氣。

想像一下一所實驗學校需要多少智慧，才能在下列情境做出合理判斷與適當決策？

✔ 家長信賴我們，把孩子交給我們，我們想要把孩子帶向何方？

✔ 孩子的人生變寬廣了，學習不再只為考試，成敗的標準不再只是分數，那我們該放棄考試、抗拒會考嗎？

✔ 部分教師伙伴即將離開我們，這對學校的創新發展是打擊？還是契機？

✔ 計畫趕不上變化，課程如何滾動修正？教師如何專業成長？

✔ 實驗學校雖然已經擁有許多超越法令束縛的彈性，但無法掙脫的法令還是更多，怎麼辦？

✔ 探索體驗、遠征式學習可以培養孩子的合作、利他、智慧與勇氣，但是風險也較高，該如何設計與取捨？

此外，一所實驗學校需要多少勇氣，才願意面對困難、未知與不確定性？才能夠鼓勵師生探索、容許師生犯錯？才足以忍受挫折、堅韌復原？我相信，每一所真正做到轉化型的實驗學校，都會給出深刻多樣的答案。

芳和實驗中學從危機、轉型到轉化，是一趟充滿挑戰的英雄之旅，雖然實驗教育不是萬靈丹，但芳和的選擇充滿智慧與勇氣。

什麼是教育？

臺灣外展教育發展基金會董事長　廖炳煌

引進「探索教育─體驗式學習」的過程中，曾經親自參與的廈門大學榮譽教授描述了一個故事：他提到美國教育家杜威先生一九一九年到中國北京大學講學，他一進入講堂，兩手各抓了一隻雞和一把米，接著把米撒在講桌上，另一手抓著雞的頭，要牠吃米；雞當時都不吃，杜威就把雞給放了，並把米灑在地上，回頭講述他的課程：「什麼是教育？」不到十分鐘，那隻雞跑回來吃米，杜威這時說：「這才是教育！」教育就是老師必須努力把吸引學生學習動機的材料帶入教室，鼓勵學生主動學習，並且善加輔導與引發，幫助同學真正的做中學、學中思。

導入「探索教育─體驗式學習」的這二十三年期間，不論是在最早PAT（Project Adventure Taiwan）的年代或是TA（Team Adventure）團隊發展國際股份有限公司到現在的Outward Bound Taiwan（OBT）世代，探索教育─體驗式學習，都帶給參加者許多感動與學習。因此，許多校長、老師會帶著學生一起進行這樣的學習，不論是一般的同學，或是行為偏差、學習低成就、學習有困難的同學們，只要是到了探索體驗學習的場域，尤其是上了高山、出了海洋，他們都很配合、很願意和指導員學習，整體的學習態度及意願有很大的改變。回到學校之後，他們也期待學校老師也能像戶外教學的指導員一樣的引導他們，讓他們也能有更多自己做決定的空間。因此，很多的導師、輔導老師和綜合活動老師，也積極的學習體驗式學習的引導方法，利用各種正式課程之外的時間，例如班會、輔導課、綜合活動領域的時間，運用體驗式學習的方法和孩子們互動，也達到很好的班級經營成效。但是，同學們一到了數學課、英文課等學科課程，又睡著了。因為，一般的學科老師們並不是運用體驗式學習法來引導學生的學習。

從二〇〇八年開始導入所謂的「遠征式學習 Expeditionary Learning Education（遠征教育）」強調教師彼此合作，進行學科統整、發展教學策略，設計教學與評量；引導學生獨立思考，選定「主題」，深入探究，師生間密切合作，促進教師建立「體驗、思考、歸納、運用」四步驟的教學專業，培養孩子「自我察覺、探索問題、驅動能量、解決問題」的能力，並且從「課程發展、教學法、多元評量、學生品格及學校文化、學校領導力」這五大教育改革的取向來協助學校教師的改變，希望讓教育可以竟「學以致用」之功。

多年前，在臺北市教育局李錫津局長時，景興國中張勳誠校長主持的「臺北市非學校型態潛能開發中心」專案中，就結識了充滿教育熱忱的音樂老師黃琬茹，那時候的她，就和推動探索教育—體驗學習的我們，一起帶著同學們上山下海到處去冒險和挑戰。專案結束後，幾年未見，突然有一天接到她的電話，她說明已經擔任臺北市芳和國中的校長，想要導入體驗式學習課程進入學校，希望能夠碰面談談。沒有想到這麼一談，黃校長就把我自己多年來努力介紹給很多公立學校都鎩羽而歸的遠征教育，寫成了芳和實中的實驗教育計畫，而且認真的和全校老師溝通，取得老師們的支持，進而研究發展成為核心課程，並說服教育局的長官、學生家長。這樣的行動力和組織能力，不就是遠征教育希望培養的學生能力嗎！而校長和老師們先有體驗學習了。後來經過Outward Bound Taiwan 推薦介紹的教師研習工作坊（Jennifer Seydel 和我）、美國芝加哥北極星中小學（Polaris Charter Academy）副校長和六位師生及美國EL School 的港邊中學（Harborside Academy）校長、老師和同學的來訪交流，英文老師呂秋霞代表老師們去美國EL Education 研討會的參訪學習，加上芳和實中各級外展課程的開展，這樣一所有著探索學習、遠征教育的種子學校就正式啟航了。

更高興的是，芳和實中所有的老師和同學們都一起努力完善現在的學習內容，並且朝向國、高中六年一貫的完全中學另一個階段前進。相信未來芳和實中，如果能夠在「學習遠征、主題探究的跨領域學科教學、學生的主動學習、高品質的學習產出、學習歷程檔案」的各方面發展，幫助每一個孩子成功，肯定可以成為臺灣版遠征教育的典範學校。

推動探索教育—體驗學習、外展教育、遠征教育這麼多年，很高興看到芳和實中實驗教育的具體實踐過程，榮幸寫下序言，以茲紀念。

直探本質・自我超越・感恩前行

臺北市芳和實驗中學校長　黃琬茹

芳和在實驗教育三法頒布兩年半後，源於教師的自覺與自主，付諸真實的行動與改革，終能翻轉學校的命運，也為「實驗」找到了定義。這趟「遠征」，除充分掌握法規賦予辦學者的彈性空間，在現有體制中嘗試創造最大可能，更希望能為主流教育帶來些創新改變的實驗參照，並呼應實驗教育的核心價值——直探教育本質、回歸學生中心、提供教育選擇。

當學校所有的作為與思維皆回到孩子身上，把「自律負責」的學生圖像當作首要目標，所有的舉措論述都有了依歸。

為了維繫住孩子的學習動機，老師們調整了教學步驟及評量方式；

為了維持孩子的學習動力、調配學習節奏，並且使學期與假期更為均衡，我們大膽嘗試了三學期制；

為了不讓孩子被分數及標準答案所框架、設限，我們不以紙筆測驗排名，我們把ＰＢＬ

（問題、專題、現象導向學習）的概念融入各類課程，我們鼓勵孩子自己跟自己競爭，但要跟團隊夥伴合作；

為了讓體能鍛鍊及自我挑戰成為孩子們的共同習慣，奠定外展探索的基礎，我們設計了晨運及各階外展課程，強調全員參與、集體超越；

為了彰顯自發、自治的生活教育，我們取消了由外部制約的整潔、秩序比賽，強調學生自主管理；

為了讓每個孩子的學習歷程都被看見，我們調整校慶為學習慶典，讓孩子們成為慶典的主角，獨立展現學習成果及成長軌跡。

所有一切「實驗」皆來自我們追求「自我超越」的信念與堅持。芳和的老師願意接納征途中的諸多不確定感，不斷跨越舒適圈；願意為了追求更「高品質的產出」而滾動式修正課程，持續共備精進；願意努力打造能讓孩子放心犯錯的環境，因為我們容錯、也鼓勵孩子試錯，期許他們在失敗與挫折中吸取學習的養分；芳和的老師願意放手、賦權，讓孩子們有更多自主選擇、自我負責的學習機會。我們一起在這條征途上，回溯檢視自己，彼此鼓勵打氣，勇敢邁步向前，也相信「唯有芳和才能超越芳和」，謝謝願意支持我們理想的家人，我們將持續遠征前行。

這一路走來，要感謝臺北市政府及教育局的支持，還有許多曾給予我們指導、鼓勵及各項協助的眾多專家學者及教育同業夥伴，更要感謝親愛的家長們，在還沒看見芳和實驗績效時就選擇相信芳和，特別是第一屆的家長。所以我們在唐爸（唐光華先生）的鼓勵與建議下，透過與家長、老師們的討論與評估，及商周出版的協助，選擇在第一屆實驗教育的孩子們畢業前，真實記錄親師生一同走過的軌跡；編輯葛晶瑩小姐藉由長時間觀察與採訪，記錄這一切的「因緣俱足」，記錄因「相信」而帶來的美好與力量！芳和的「實驗希望工程」還沒真正成熟，但因持續反思而充滿能量，希望透過本書，跟所有關心、好奇實驗教育發展及實踐現場的朋友們分享，也期盼實驗帶動的是更多的覺察與探究、行動與創新。

目錄

PART 2

遠征的歷程，隨時都在變動

PART 3

展現的風貌，令人驚喜與感動

實驗教育的遠征

臺灣實驗教育推動中心計畫主持人鄭同僚曾說：「芳和國中是臺北盆地第一所勇敢衝出來，要做實驗教育的公立中學。」

但若深入了解當時的轉型脈絡，會發現芳和轉型為實驗教育學校，似乎是命運默默地在推動，而在一個天時地利人和的機緣下，成就了今日的芳和。

一〇三年十一月，實驗教育三法的通過，使臺灣成為亞洲第一個有實驗教育法的國家。藉此法源，賦予公立學校更大的教育創新空間，緊接著臺北市政府教育局推動並鼓勵「學校型態實驗教育計畫」，但沒有學校「衝」出來，直到一〇五年四月，當時芳和國中教師會會長陳孟歆在和平與芳和併校會議中，帶著學校老師的連署簽名，主動表達轉型的意願。自此，芳和踏上實驗教育的征途。

逼上梁山奮力一搏

回到更早前的時空，由於教師會會長退休，身為副會長的陳孟歆，接任會長之職。那個時期因為少子化的趨勢，臺北市有十多所學校即將整併。位於臥龍學園的芳和國中，更因教育資源與一牆之隔的和平高中重疊，首當其衝，將會是第一所被整併的學校，而且已經開始召開評估會議。

芳和國中是小型學校，招生不易，本仰賴「臥虎藏龍計畫」，只要設籍臺北市的學生都可以前來就讀，也就是所謂「大學區制」，才能順利招生。沒想到當年卻未進入計畫名單，已是強弩之末，又遇到整併在即，毫無退路。

教師會開始討論接下來該怎麼辦？

首先大家想到或許可以成為大學的附設國中，但學校之間媒合，也講究門當戶對，當時芳和風評不佳，叩不開這扇門。只知道必須想辦法存活，否則一旦與和平併校，只能留下十位老師，有三分之二的老師會被超額調校。

此時，想起曾收到詢問轉型學校型態實驗教育的公文，或許轉型會是另一條路。於是教師會開始進行校內投票，投票結果是五五波。

不樂觀的結果歸因於教師會成員的組成，原來臺北市東區特教資源中心位於芳和校內，使教師會成員中有三分之一是屬於東區特教資源中心。有老師質疑，「投票結果不足以代表普通班老師的意見。」校園中瀰漫著低迷的氛圍，加上當時的校長屆臨退休，有些老師已經打算趁暑假調校……事態非常緊急，孟歆記得她當機立斷，以一張Ａ４的紙製作成連署書，與當時的理監事開始去問四十多位普通班老師是否願意簽名接受轉型為實驗教育。

期間有人問她：「實驗教育走得下去嗎？」

她很誠實地回答：「我不會害怕。因為我的兩個孩子都是自學，所以對實驗教育並不陌生。但我也不想影響大家，最後的結果還是交給投票來決定。」她覺得如果老師們覺得捨不得芳和的學生、同事，那就一起試著走走看這條路，雖然不知道申請是否能成功，但身為教師會會長，她必須盡力幫大家表達意見。

這次有七成的普通班老師表達了願意轉型的意願。

許多老師願意轉型的原因，除擔心學校的未來外，也擔心學生。芳和學區內成績好的孩子，多半都會外轉，剩下的多為弱勢學生。在老師的愛與保護下，師生關係非常緊密。不過，老師們也發現學生同質性漸高，缺乏學習對象，校園中同儕示範的力量越來越薄弱，若能轉

實驗教育三法

實驗教育三法是教育部為鼓勵教育創新與實驗，保障學生學習權及家長教育選擇權，所制定的條例，統稱為實驗教育三法。包括：

1. 高級中等以下教育階段非學校型態實驗教育實施條例
2. 學校型態實驗教育實施條例
3. 公立國民小學及國民中學委託私人辦理條例

其中，〈學校型態實驗教育實施條例〉的通過，使公立中小學可改制或是新設立實驗教育學校。芳和實中即是依據此條例而改制為公辦公營的實驗中學。

型為實驗學校，招收其他學區的學生進來，使學生組成多樣化，為何不樂觀其成。

翌日整併會議中，和平高中校長報告結束，孟歆起身向前提出連署簽名，教育局中等教育科接受了老師的請願。由於公立學校轉型實驗教育有其門檻，且實際執行的難度非常大，當時幾乎沒有符合實驗教育法、又願意轉型的學校。芳和此舉，不但能解決併校的主因：招生不足；又能推展公辦公營的實驗中學，實為雙贏。教育局最後決議讓芳和開始籌備實驗國中。

命運推她走上實驗教育之路

當年五月老校長宣布退休，芳和的教職員與家長會開始尋找能夠帶領大家轉型的新校長，最後有三位候選人參加遴選。

時任螢橋國中輔導主任的黃琬茹記得她是在五月中接到徵詢的電話，獲知芳和的老師們想要轉型實驗教育，想要找一位有意願帶

芳和簡史

創設於民國65年，位於大安區邊陲，屬於小型學校，師生互動密切，校園文化恰如校名般「芳馨和美」，彷若一大家庭。早年學校周邊為違章建築所遮蔽，環境複雜，殯葬業為社區的特色行業，社區內社經水準偏低或親職失能的家庭為數不少，社區對學校亦存著若干程度之負面印象，致使部分家長將戶籍遷往他校，學生流失，校務經營困難。至民國85、86年間，學校周邊違建拆遷重整，校園裡外明亮，景致優美，煥然一新。107年改制為實驗中學，110年成立高中部，成為實驗完全中學。

著大家一起前進的校長。當下，她回覆要思考一下。

對於走入教育現場二十多年的琬茹而言，突破創新正是她想要做的事情，事實上，那段時期她也被徵詢是否可借調至教育局協助實驗教育的工作；加上是當年取得候用校長資格，才剛對實驗教育三法認真研讀過，了解法規賦予學校的空間，對實驗教育也心生嚮往。或許之前被推著去參與候用校長甄選，就是因為這個機緣。於是她把握了這次的機會，帶著準備好的資料板前往校務經營說明會，對著校長遴選小組的代表，講述她對芳和轉型實驗教育的規劃。

當天結束後，天色已晚，孟歆在送琬茹出校門時對她說：「妳好像比我們還了解芳和，並且已經對實驗教育有了初步的想法。」事實上，琬茹在接受邀請後，就非常認真思考，「若是自己來做，將會如何推動轉型？」果然不負所望，臺北市教育局在實驗教育三法通過後，積極推動公辦公營的實驗教育學校，並在110學年芳和高中部開始招生後，達成從幼兒園到高中的「實驗教育一條龍」體系。圖為柯文哲市長與臺北市實驗學校計畫主持人之合照。

她提出的壁畫獲得了實行的機會，獲選為芳和國中的新任校長。其實這段機緣發生的更早，原來孟歆當年在螢橋國中實習時，剛好琬茹就在螢橋任教，當時就對她印象深刻。

琬茹校長於一〇五年八月一日走馬上任，開始投入籌備實驗國中的「無限任務」中，馬不停蹄的從盤點中找出方向，建構理論基礎，提出施行計畫，展開一場屬於公辦公營實驗教育的征途。芳和則歷經籌備、試行，第一屆的學生於一〇七年八月中入學，並將於今年夏季畢業。孩子的國中生涯雖告一段落，但實驗教育仍然在此不斷前進。

現在，孟歆已經回歸了單純的教學，與其他留下的、新進的老師們一起，為教育理念而付出。她說自己變成一個在教學原則上強勢堅守底線的老師，而學生們說從她的國文課中學到很多。

事情的發展總是令人意外，沒想到三年後芳和成為了明星學校，更沒想到這是起因於一份老師們的連署書……既然如此，怎麼能不對實驗教育的未來充滿想像呢？

PART

1

不停的探索，答案尚未確認

實驗教育一直在被討論，芳和師生身在其境，
究竟如何找到方向？又付出哪些努力？
共同來關心這些一直被人討論的話題。

在混沌中如何踏出第一步？

若實驗教育是遠方的山頭，剛接任芳和國中校長、正要開始籌備實驗中學的黃琬茹，與那山頭之間是一片混沌，要抵達終點，注定要披荊斬棘。但更重要的是要先訂出方向，找到如何踏出第一步。

實驗教育的核心理念，究竟是……

琬茹校長一〇五年八月一號到職，十月二十一號就要提出第一版實驗教育計畫表。當時最困擾她的是確認核心教育理念，她還記

芳和新舊校長交接典禮後，黃琬茹不但接下校長一職，更扛下實驗學校計畫主持人的重責。

得，第一版寫得非常籠統。

她最初的想法是：實驗教育就是要破除對現有教育體制的不滿，如升學導向；然後回歸教育本質，即國民教育的宗旨，以養成德、智、體、群、美五育均衡發展之健全國民……不就是全人教育，那實驗教育又要有什麼理念呢？

公立學校轉型華德福並不容易，採行蒙特梭利也有瓶頸。當時最熱門的話題是新課綱與芬蘭的教育改革，她看到兩者間共同的內涵：跨領域統整。於是寫下「基本學力奠基，多元能力開發，跨域主題思考」，心虛地交出了第一版的簡單方向。

但難題還是沒被解決，隔年四月就要提出完整的計畫。

因此，她開始密集的召集老師們開會，蒐集意見，慢慢聚焦，老師們在會議上提出各種疑問，也刺激校長從不同層面思考。首先，既然是實驗，就從突破除原有的框架與限制開始吧。

破冰的行動是：取消整潔秩序比賽。

理念是：掃地清潔本是孩子應做的事，沒有比賽就不做嗎？

取消後，老師們忍耐著經歷一段不夠整潔的日子，透過旁敲側擊的引導，讓孩子們自己發現在沒有比賽壓力下，周遭環境竟變得如此髒亂。然後將權與責都交還給孩子，讓他們自治，成立全校性的組織，推動學生去維持整潔秩序。

接著，老師們提出許多很好的想法，如帶孩子善用五感，接觸世界；開始討論三學期制的可能性；還有老師提出應該要有一個全校老師的會議，一起談孩子的表現，而不是只討論課程，因此產生了後來的ＩＡＰ會議……一路行來，校長慢慢感覺到實驗教育學校的文化，應該要跟一般學校不同，是要全校一體、有共同的教育理念，然後針對這樣的理念來設計課程、進行師培，漸漸累積與奠定屬於芳和實驗教育的文化。

撞牆半年後，計畫還是沒完成，因為琬茹校長一直無法跳脫出既有的窠臼，她心想，是不是該去找位高人來提點，讓她能快點找到一個足以支撐起實驗學校格局的核心教育理念。

在盤點芳和過往時，她發現民國九十年初，這裡曾是臺北市的

在芳和，老師們透過共備研習，一起集思廣益，不但有所突破，也因此建立了默契與共識。

生命教育中心學校，每年都有生命教育探索體驗活動的辦理。

而琬茹校長年輕時也接觸過探索體驗活動，當時就非常嚮往這樣的教學模式。她試著對照兩者發生的時間點，發現竟然這麼接近。當知道了芳和的老師會帶著孩子去爬百岳後，驚覺原來芳和以往的背景與經驗，都跟她的興趣與認同相似。她靈感突現，「戶外探索體驗會不會是一個方向呢？」便開始往這個脈絡上去收斂，並找到「高人」：戶外教育專家，臺師大謝智謀教授。

一〇六年一月三號，她帶著資料去拜訪謝教授，請益如何讓探索體驗轉化成課程，沒想到從謝教授口中得知，這類外展（Outward Bound）與ＰＡ（Project Adventure）等活動，在美國已經轉化成ＥＬＳ（Expeditionary Learning Schools），也已經有多所探索式學習學校，請她趕緊去找外展教育發展基金會。

琬茹校長還記得當時的景況，「我回來立刻就連絡了基金會當時的執行長廖炳煌，沒想到他接到我的電話後，就從萬隆騎摩托車來到芳和，坐在校長室中跟我談。」廖炳煌很興奮的對校長說：「我終於找到一所學校想要發展探索體驗教育！」並一邊畫圖，一邊解說探索式學習從德國、英國到美國發展的輪廓，也表示願意提供資源與協助。

不謀而合的探索式教育

緣分又牽上了，二十多年前琬茹校長接觸ＰＡ時，就認識廖炳煌，也曾把學到的探索體驗活動用於音樂課上，帶給孩子們活絡思考的經驗。在梳理美國探索式教育的脈絡時，她又發現ＥＬＳ創立的背景很貼近芳和。

以前的芳和除了學生多來自弱勢家庭外，中輟生比例也偏高，而且外面的拉力遠大於學校，很難再回到校園。而ＥＬＳ的創立目標非常明確，就是幫助少數族裔的弱勢孩子進入大學，並且幾乎百分百達成。原因在於探索式學習培養孩子們成為不放棄學習、願意朝向目標努力的人。

除了背景環境類似外，芳和一直都不是升學型學校，而是社團活動活躍，協助學生適性揚才的基地，似乎天生就為實驗教育打好了基礎；加上學校的特性，培養出老師們對孩子的敏銳度以及教育之愛，這些都成為芳和成功邁向轉型的基礎。無論是發展背景與特性，無疑都非常適合發展探索體驗教育。接下來，校長就在一〇六年一月十二號的校務會議中向老師說明，並取得認同。

「我找到了。」琬茹校長非常認真地宣布，找到了芳和的核心實驗教育理念，她解釋了尋找的過程，更分享這個與芳和發展脈絡非常接近的方向，而且在美國已經有行之多年的典範，這就是芳和要走的路。有了這個強大而足以成為實驗教育核心的理念，計畫才可能通過。但她還是有點擔心老師們不理解，並覺得校長是不是又找了個新的東西要大家做。

所幸，謝智謀教授主動表示願意來協助說明，跟老師們談談。寒假中，琬茹在「實驗教育LAB」的Line群組公布：謝智謀教授要來學校談探索式教育，有興趣的老師可以來聽。沒想到很多老師都到場，聽完後更理解了這條路。那次之後，整個轉型速度就快了起來。

那年寒假，琬茹校長不但鑽進相關的文獻與書籍中，閱讀吸收、撰寫計畫，也做摘要筆記分享給老師們。在這段加速孵化的期間，在臺灣外展教育發展基金會的協助與安排下，美國芝加哥北極星中小學（Polaris Charter Academy）六位師生於一〇六年三月十七、十八日來到芳和，舉辦交流活動、遠征式學習教學與應用工作坊。這次的交流有如及時雨，讓芳和的老師們有更貼近遠征式學習的機會，並藉由典範學校的分享，提升了視野與準備度。讓琬茹校長對於即將提出的計畫更有把握。

此外，在芳和轉型的過程中，不但遇到高人還有貴人，在送出計畫前，琬茹校長請鄭同僚教授幫忙過目，而鄭教授不但協助計畫檢核外，還邀請她到實驗教育中心分享。當時，藉著中心同仁的提問，促使琬茹校長產生更多不同角度的思考，讓思維更加完整。

最後，芳和的實驗教育計畫於一〇六年四月二十一日送交教育局，八月二十二日審議通過。這段過程中，關於轉型的進度與訊息均

北極星中小學的師生來芳和與學生老師們進行分享與交流，是實驗先行年中非常重要的時刻。

十分透明，已經很清楚芳和要做什麼、要如何做。此時，芳和即將轉型實驗國中的消息，也在媒體報導下傳布出去。

因此，一〇六學年度的招生人數逆勢成長，可見學校有改變，家長就會有耳聞，即使知道那年還不是實驗教育。據私下詢問，家長雖然都知道芳和的過往，但仍放心把孩子送來，因為他們相信願意轉型改變的老師，都有動能與熱情，還有很多家長說，「孩子儘管讓你們實驗。」琬茹校長那時非常感動。事實上，那屆的孩子有參與到一些實驗課程，是名副其實的「實驗品」。

一〇六年暑假間，計畫通過。暑假中老師們就開始共備，一開始由紀淑琴主任主講「芳和大小事」，有系統的對新進老師說明芳和的過去，揭開了實驗教育先行年的序幕。

經過一年的準備，很幸運的在一〇七年六月，美國另一所探索式學習學校港邊中學（Harborside Academy）的師生來臺參訪，他們本是受到上海廣中中學的邀請，外展基金會則趁此機會請他們順道來臺與各級學校互相交流，其中一站來到芳和。六月五日那天上午與芳和師生交流學校的文化，下午則和老師們分享遠征式學校的教學經驗。這場聚會，讓大家感受到接受探索式教育的學生們，是如此自信、主動而積極，也讓芳和的老師們對未來有了更多想像。

探索式教育的精神與內涵

探索式教育的根源是美國教改中的的體驗式學習。在一九八七年左右，美國外展學校（Outward Bound USA）和美國哈佛大學教育系，合作一系列的遠征式學習外展（Expeditionary Learning Outward Bound，簡稱ELOB）課程，並參與了一九九二年美國的新美國學校改革方案（New American School，簡稱NAS），將外展教育中的體驗式學習融入到全學校的教學改革中，並引發課程、教學、評量、文化與品格、領導等全面的變革。

美國的作法是將體驗歷程轉換成課程，如設計一個孩子們可以親自參與的情境。過程中有一些基本的遊戲規則，引導孩子去思考，去尋找更好的辦法與解答。而思考的脈絡從來不是思考自己想如何，一定以團隊去全局思考，將團隊當作一個生命共同體，然後一起解決問題，這是探索體驗活動的核心精神，可以放到任何學科中利用。

老師們不用擔心成績不夠好，因為這樣反而有修正的機會，反而要跟孩子一起思考剛才做了哪些事情，帶來哪些啟示？將這樣的過程轉換到教學現場，就是所謂的PBL。

為了更加了解教學的方式，剛好美國舉辦了探索式學習二十五週年的教育年會。校方請英文老師呂秋霞代表老師們去觀摩。其中有三天的課程，內容不但有演講分享，還讓參加者選課，沒想到當時因為時間緊急，英文老師選到了數學課。秋霞老師卻覺得也很好，因為跟著所選的數學課程去參訪了港邊中學，也進一步將外展課程的理念、設計到

PBL

PBL有三種說法，分別是問題導向學習 (Problem-based learning)、專題導向學習(Project-based learning)、現象導向學習(Phenomenon-based learning)。但大都是一種課程設計與教學模式，以學習者為中心，利用生活中真實的問題，來引發學習者討論；並透過老師決定教學目標與進行問題的引導，藉由小組的架構培養學習者的思考、討論、批判與問題解決能力，有效提升學習者自主學習的動機，並進行目標問題的知識建構、分享與整合。

執行連結了起來，最後還去參觀該校的學習慶典，對於遠征式教育就有了概念。她也將所見所聞以及所學帶回來，分享給校內其他老師。

她記得回來時跟同事們分享許多與臺灣教育不同之處，例如他們如何跨領域，如何呈現學生的學習歷程，怎樣去培養學生的特質，還有可以營造團體氛圍的活動、討論的技巧，以及可套用在不同課程的方法學。

秋霞老師解釋著她的實際體驗。

「那天去上所選的數學課時，每個人都拿到一張卡牌。然後，去找誰是partner，大家就開始依照卡牌上的提示去配對。接著老師就會來問每一組為何會這樣選擇？

「情境中也事先布置了各種數學多項式的海報，從卡牌中可以觀察或討論到自己屬於哪個多項式，大家就很快被帶進一種學習的主題內容中，並開始做很多的練習。每個人都有一本題本，有不同程度的關卡可以做練習，大家都好忙，一直在解決自己當下的問題。」

臺灣有很多課程，學生像是觀眾，坐在台下看著老師講解；反從ELS的核心延伸出未來發展的五個方向。

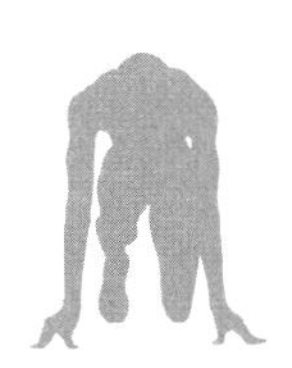

觀在美國的所見，讓秋霞老師感受到「真的是以學生為中心」，學生就是課堂的主角，一直忙於投入老師派給他的種種挑戰和任務。最後，還會有應用的討論，討論為何要學多項式，如何把多項式應用在真實人生中，數學就這樣一點都不無聊了。

這次的參訪讓秋霞老師留下深刻印象，並且表示收穫非常豐富，系統化的設計，讓參訪者很快能理解，並且提供很多資源，完全不虛此行。

聽完秋霞老師的分享後，校內其他老師都躍躍欲試，認為轉型實驗教育後，若在教法上能有些不同變化的嘗試，是非常有挑戰性的事情。彷彿看見這一場實驗教育的「登山口」前，已經聚集許多充滿教育熱情的老師，準備踏出他們的第一步。

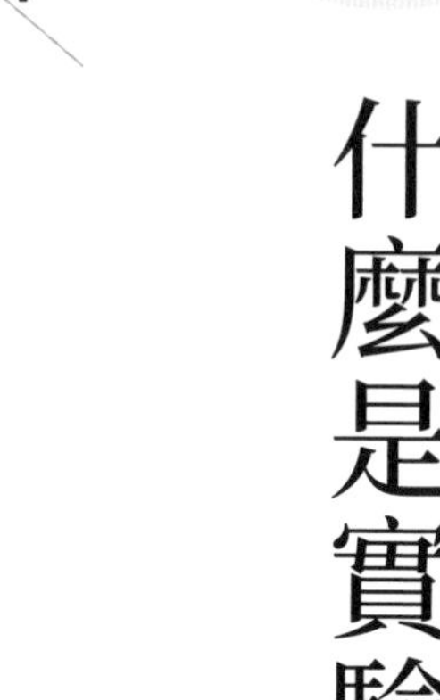

什麼是實驗教育？

「教育可以實驗嗎？」、「什麼是實驗教育？」類似的問題，從一開始就追著琬茹校長，無法也不能迴避。經過一段時間的深思，她如此詮釋：

「實驗教育是為主流教育做實驗，由於法規的鬆綁，賦予我們更多彈性空間，例如我們可以改為三學期制。而我們所做的嘗試，若拆解成不同的模組，其他學校都可以複製，但所有的實驗創新項目都加在一起時，就不是任何一所體制內的學校容易做到的，這才是實驗教育學校存在的必要性。」

實驗教育的討論如火如荼，
校長親上公視節目說明。

何況要在一個學校中推動實驗教育，還要聚集許多能量強且有共識的老師，並願意一起勇敢，想方設法去克服困難。若要順利進行，家長們也要賦予高度的認同與信任，這些條件，大部分的學校不容易同時擁有。

實驗教育必須是思維的改變

除了轉型實驗教育的壓力外，芳和更承擔著外界的期許。因此老師們最擔心的事情，就是所作所為是否不負「實驗教育」四個字，還是只創新了教學法。

其實答案不言而喻。

領導芳和轉型以來，琬茹校長深刻體認到「確認要做實驗教育，與在體制內去改變教學法，是兩種截然不同的心態與前提。」而且當學校裡每位老師開始認同實驗教育後，核心思維就會改變，然後明顯感受到老師與學生的關係也漸漸改變。

在課堂上，可以發現：

芳和的老師不再高高在上，不再是老師講，學生聽的景況；

若學生嘗試錯誤，老師試著不干預，只耐心等待；

課堂討論時，學生敢於提出自己的意見，甚至挑戰批判……

或許當局者迷，但外人卻能感受到。政大實驗教育中心的師培生來參觀後，說出了他的觀察：「芳和的師生關係，比我在其他學校看到的更為平等。」這或許可以證明，芳和老師們的努力，帶來的是深刻的改變，是教育的翻轉。

而在一場媒體舉辦的焦點座談上，談到教育體制的創新，主持人請琬茹校長發表她的體驗，校長很實在地說：「當初轉型實驗的出發點不是為了創新，只是很單純的想回歸教育本質，解決最源頭的問題，那就是為什麼孩子的學習動機低落。若沒有辦法解決學習動機的問題，所有的創新都會徒勞無功。」

所以，只改變教學法無法解決問題，很多人以為實驗教育是要教學很熱鬧、演示很花俏，殊不知更重要的是老師必須回歸到最務實的原點，讓孩子產生學習動機與正面的態度，真正把學習的主權回歸到孩子身上。

也就是說，當一個孩子在未知的領域前，不是老師教他理解，而是老師透過各種方式，帶著學生讓他自己去理解。不要干預太多，只教孩子如何自學、教孩子如何互相討論等原則，是芳和的老師們在教學所要謹記的。

「我看見芳和老師很了不起的地方，就是放掉一些過去屬於老師的權威。」這是琬茹校長最深的感動。

實驗教育學校就像是研發中心

實驗教育本來就是以小眾為對象，當實驗完成後，再將成果轉移到大眾。就像是一個研發中心，發展出新的技術或產品，經測試通過後，然後商品化、量產，才推進大眾的市場。

有理念與熱情的教育從業者，常常會有很多想法，但卻沒有機

芳和的轉型歷經五個時期，目前依舊持續滾動式的修正，
並且保持快速與敏捷的節奏。

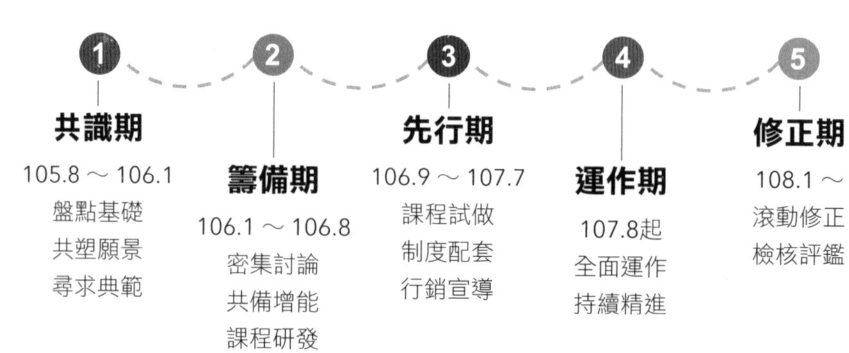

會或信心，可以直接用於體制內的主流環境，而實驗教育就像是「沙盤」，是一個可以先行嘗試的環境。若走不通，就修正。

就像芳和的「專題探索」課程，三年來不斷滾動式的修正，這是正規學校無法容許的；若走順了，就更細部去推敲，建立更好的模組，然後讓體制內的學校，直接放心的取用。或許某一天，「適性探索」課程也可能導入其他的學校，幫助更多孩子找到另一條出路。這就是實驗教育學校存在的目的。

孟歆老師認為，芳和的實驗教育能讓很多想做一樣事情的老師看見：至少有一個學校做過，而且學生並沒有因此而學力變差。也可以說服對創新方式有質疑的人，讓他們知道孩子用新的方法學習，也會學到東西。而實驗教育另一個面向

的功能，就是激勵教育現場第一線的老師們，不放棄教育的未來與希望。

實驗教育的磁場，吸引著家長與孩子加入

其實這場實驗，還有高度認同的家長一路陪伴。他們或許不清楚實驗教育，但卻逐漸看見孩子的改變。

定濂原本是一個內向的孩子，父母希望在國中找一個開放式教育的環境，培養他的自信，因此留意了實驗學校。剛好搜尋到芳和，就來聽聽看說明會。由於家裡本來就喜愛登山，也會帶孩子去爬百岳，因此在說明會中聽到有登山的活動，立刻被吸引。即使是第一屆，前面毫無例子可參考也沒關係。

家長對於實驗教育的最初想法很單純，只要能讓孩

芳和實驗教育的內涵

為回歸教育之本質與目的，實踐教育創新，提供教育選擇，帶領學生面對未來世界及社會變遷之學習挑戰，將學習連結真實世界的問題與需求，創造鼓勵深度投入學習的環境，學校以「基本學力奠基、多元能力開發、跨域主題思考」為方向，規劃以探索學習(Expeditionary Learning)為主軸、多元智能(Multiple Intelligences)為脈絡、全人教育(Holistic Education)為目標之學校型態實驗教育方案。

子學習思考，培養獨立的能力即可。他們希望孩子是為自己去學習，而不是去升學型的國中，每天都考試。兩年多來，定濂媽媽覺得他變得比較敢表達，而且在芳和可以繼續發展他喜歡的美術繪圖，也發現隨著參加登百岳的活動，讓這個孩子變得成熟而自信。

而柏旻是念實驗教育長大的，家裡兄姊都已進入社會，這個家中么兒交往的朋友也多是長者，因此十分早熟，且說起實驗教育，比學校的師長還頭頭是道。原來他小學三、四年級是讀同心華德福，五、六年級則是念博嘉實小。談到念實驗學校的經驗，他說自己有得也有失，因為，他覺得實驗教育的制度並不完善，但直到六年級才了解這件事，當時已經玩了好幾年，而忽略了在臺灣的教育體制內，仍然需要在學科上打基礎。

他會選擇唸芳和是因為有很多有趣的創新課程，和許多接觸大自然的活動，跟小時候在華德福類似，就覺得比較適合學科不強的自己，而參加了抽籤。

雖然是臺北市第一所公辦公營的實驗國中，沒有前例可參考，

芳和的探索課程

探索課程包含必修之「科技探索、休閒探索、生活探索、美感探索、專題探索、寰宇探索」和選修的「適性探索課程」。其中「專題探索課程」藉由議題式的學習，整合跨域知識及研究方法，培養同理、接納與尊重的態度，及獨立思辨、解決真實情境問題的能力。

「適性探索課程」則依據學生興趣、性向、優勢能力等所設計之多元必選修課程，採七、八年級混齡共學。

但定濂與柏旻的選擇卻達成他們對國中生活的期望。因為琬茹校長在經營實驗教育時，也顧及了孩子的生活面，希望帶給他們三年有質感的國中生活，去享受國中階段的學習，以及這個年紀該有的純真快樂，只要知道自己在做什麼，就可以去做任何想做的事情，而不是生活中只充滿了被規劃安排好的讀書與考試。

看著孩子們培養著自信，鍛鍊出勇氣，會思考、敢質疑批判，並漸漸學習用更圓融禮貌的方式去表達，對於這樣的孩子還能要求什麼呢？而他們，正在向大家證明教育的另一種可能。

3

我的孩子適合實驗教育嗎？

第一屆實驗教育的學生與家長進來之前，只能根據媒體報導、說明會與新生體驗營，大致了解芳和將要實施的轉型內容。因此將孩子送進芳和的家長，其實較隨緣，甚至兩極化，例如有的家長因為離家近，並不在乎是否有實驗轉型；有的則是國小就念實驗教育，擔心進體制內無法適應；有的覺得探索式教育能幫助孩子的人格發展；而更多的是因為芳和有登山、外展活動，似乎沒有課業壓力，孩子本來就不大喜愛讀書，那麼應該可以在此快快樂樂玩三年！

但最後一項，絕對是誤會。

因此，校方覺得讓家長明白「自己的孩子是否適合進入實驗教育」這件事，是當務之急。

誤會實驗教育是孩子的避風港

開學沒多久，輔導室就發現特殊生的比例比常態高出許多，不但造成教學上的困擾，學生也很痛苦。推測原因應該是很多家長誤以為有山野教育、多元活動，學生可以獲得更好的照顧，但事實上並不然。

以往傳統課堂上只需要單向的聽課，但芳和的課程幾乎每堂課都有分組作業，透過引導與討論，進行操作與表達。老師們發現某些特殊生的特質會使他較難融入團體，例如太堅持自己的意見，無法跟別人溝通……透過頻繁的合作分組，就很容易凸顯問題、放大困難點，成為特殊生情緒無法穩定的原因，加上其他同學可能不願意與他們同組，也因此影響人際關係。

整體來說，實驗教育在教學的多樣性，就是不斷形成各種挑戰，刺激潛能的發揮，若是需要穩定學習環境的孩子，並不適合來變動性大的芳和就讀。因為，特殊生若能在一般學校中、穩定的學習模式下，反而可能會有較好的表現。

誤會快樂學習是自由自在沒有壓力

不少老師都提到，這屆孩子剛入學時，文字表達能力真令人驚嚇。記得他們做的第一個文字作品是適性探索課的「自薦表」，要在表上填寫自己為什麼要選這堂課的理由，沒想到一堆學生寫注音，還有連注音都拼錯，或直接空白不知道該怎麼寫……老師們發現的當下，面面相覷。因為，無論是學科或主題課程中，都包含大量的文本閱讀與文字產出。若是基礎語文能力不好，甚至閱讀書寫困難，未來的學習也不會太樂觀。

很多家長聽到實驗教育趨之若鶩，第一個想法是實驗教育是對學習抱著「快樂就好」的設定，希望孩子在一個輕鬆自在、沒有壓力的環境中學習，能擺脫考試、擺脫升學，其實並不是這樣，而是要去尋找學習的真實意義。

在學校的理念中，學習應該是要充分掌握了動機、歷程與方法，設定挑戰的目標，去完成各式各樣的嘗試與探索，並在此過程中，感受到學習帶來的勝任與成就感，並反思學習的意義，這才是一種高層次的快樂。因此，每堂課都不輕鬆，甚至要付出更多的努力。

了解學習的目的不是分數

由於學習的目的是培養未來能應用於社會上的能力，考試只是學習的檢核方式之一，這裡考試很少，考後也沒有排名。若無法察覺自己的排名位置便會很緊張、會無法釋懷的學生與家長，可能來到芳和會非常不習慣。

事實上，確實有這樣的家長，一方面希望孩子在芳和享受多元的發展，另一方面又希望能考上前三志願的高中，學生若無法兼顧這兩方面，必定會產生壓力或心理的拉扯，這是學校不願意見到的狀況。還有來之前沒有想清楚，進入第一週便覺得不適合，當機立斷就轉走的學生，也是一種明快的決定。而也有同學在七、八年級一直在轉與不轉學的抉擇中掙扎，老師給的建議是要轉就要快，到九年級就來不及了，最後學生自己決定要留下來。

此外，需要緊迫盯人、給予壓力的被動型孩子，可能也不大適合來芳和，因為學校鼓勵的是放手，讓學生自律負責。也有父母發現學校較少考試及回家作業，就讓孩子轉學了，知道自己的需求，因了解而分開，其實也是好的。

第二屆開始，從說明會到晤談都不斷強調：必須要認同芳和的教育理念再將孩子送來。因此目前大部分家長，都樂見學校用各種不同的方式來看孩子的能力，而不是只有紙筆測驗；分數也只用來檢核，不能代表任何意義，更不會拿來排名。

是否能接受三學期制與上下課時間

能否接受三學期制，是考慮念芳和的最基本條件。畢竟當芳和學生放假時，其他人都還在上課，除了沒有安親班可以托放之外，同學來自各地，放了假也沒有住在周遭的同學可以一起活動。此時，家長必須有能力可以安排或陪伴孩子的作息。

此外，平日三點半就放學，又要如何安排？也許可以去補習班或安親班。但無論如何，家長在生活教育或教養方式都要多費心，一開始要有更多的訓練和陪伴，然後有耐心的等孩子能力養成，引導孩子獨立自主，而不是只把孩子放在家裡。這也是讓孩子來芳和就讀要做的心理準備。

目前學生放學後的時間規劃，每位同學都不

未來的升學途徑

芳和的國中學生必須參加教育會考，畢業後，依一般學生多元入學管道升學，或參加芳和的高中部直升。

雖然是實驗教育，但芳和學生一樣要參加會考，目的在了解及確保國中畢業生的學力品質，希望學生透過主題式的探索學習過程，增進對學習自我負責的態度，有效率地安排學習時間，引發其學習動機，達到具備基本學力之目標。

芳和實中雖採行三學期制，但上課總日數同教育部規範之200天。

- 上課總日數同教育部規範約41週(200 天)。
- 考量學生的**學習節奏**，使學習與休假時間有適當的調配與緩衝。
- 有利各學期學習內容之連貫與主題課程之規劃，維持較佳的學習動能。
- 讓學生有更多自主學習與規劃的空間。
- 與教育會考時程及多元入學管道銜接。

同，有的三點半急著回家、有人聚集打電動、有同學留下來打球、有的去補習班……在課外的時間要如何應用，家長必須與孩子一起討論規劃，畢竟三點半就下課，剩下的時間真的很長。若沒有辦法充分利用這些自主時間，建議不如選擇一般正規的學校，也較不會把時間都用於無意義的玩樂。

還是有少數家長比較放不下孩子的作業或成績，尤其是延續小學的經驗，如聯絡簿清楚、依序檢核作業，一定要家長簽名等，這些在芳和不一定有。但無論是否念實驗學校，孩子升上了國中，建議家長就要試著放手，而在實驗學校要放手的程度更大，所以對於大部分的家長而言，可以說是一種陣痛。

家長要有基本資訊能力，孩子的3C要鬆綁

為了要跟得上資訊時代，芳和的教學與學生作業多是利用Google Classroom進行，除了使用雲端，上網找尋資料的需求也很大，因此，家長對於管控孩子使用3C的觀念也要修正與鬆綁。

事實上，從第一屆就有家長表示很認同實驗教育的理念，但不想讓孩子過早使用3C電子產品，這也是另一種想法，而且直至現在還是有這種觀點的家長。但不鬆綁，無論對家長或對孩子，都是傷害。學校是希望不要抗拒孩子接觸網路，而是讓孩子在情境中達到自律；甚至在晤談時，會鼓勵家長讓孩子自備筆電。

使用平板與手機查詢資料，是芳和學生必備的技能，照片為外展時利用平板電腦解題，並以手機查詢地圖，前往目的地。

芳和實中的家長須知。

曾有家長本來反對孩子過早使用手機，但觀察孩子在學習上的確有需求，也理解了沒有手機會造成的困擾，又觀察了老師們教導對於電子產品的正向態度，於是，提前讓孩子在八年級時擁有手機和使用電腦，方便查詢資訊與繳交功課。

家長本身也要擁有基本資訊能力，曾有家長對於實驗學校很有興趣，結果因為不熟網路，連報名表都找不到，電子表單要如何填寫也不清楚。這是現實問題，若家長對數位設備不熟悉，就真的不太適合讓孩子念芳和，除非家長願意精進，否則可以預見與孩子的落差也會越來越大。

要知道進入實驗學校只是選擇之一

只要孩子進入實驗學校，就需要家長不間斷

的認同、支持與全力陪伴，才能有意義的度過這段學習遠征的歲月。

所以家長一定要清楚知道自己為何為孩子選擇實驗教育。抉擇後，就要知道孩子以後的成長經驗會不同於一般體制內的孩子，對他未來進入社會適應力會更好這件事，要更有信心，才不會看見親友小孩拚考試時，又處於擔心憂慮的狀態。但也要有心理準備，孩子未來上了高中，可能也會產生適應的問題。無論如何，這一切都是來自最初的選擇，因此，在孩子選擇實驗學校之前，再多思考一下，自己與孩子是否能適應實驗教育的要求，以及接受其所帶來的影響。

如何進入芳和

芳和實驗中學國中部的招生資格採大學區制，申請就讀者須設籍於臺北市，依照本校在籍學生之弟妹、學區生與大學區生之順序與比例分別進行資格審查或抽籤。

家長必須認同學校的實驗教育理念，除要參加說明會外，錄取後必須繳交「家長參與實驗教育」的自我檢核表與同意書，且須全程參與家庭晤談，一方面與家長及學生達成共識，另一方面讓老師能提前規劃適當之引導及陪伴方式。

實驗教育老師培育難，留住也難？

「二〇二〇實驗教育現況大調查」為《親子天下》針對實驗學校所做的一份問卷，其中顯示，實驗教育辦學者遇到最大的困難是師資、經費與校地，但對於公辦公營的實驗國中而言，經費與校地似乎不是主要問題，也意味著師資是唯一的挑戰，甚至可擴大解釋為「人力資源」的相關議題；而觀察芳和三年來的發展，也發現老師在轉型的過程中，的確扮演著極為重要的角色。

最初，芳和在人員去留上，也曾經過陣痛，但非常幸運地，選擇留在芳和加入實驗教育的老師們，雖然多出自傳統師培體系，卻嚮往改變，樂意積極的面對挑戰，並成為推動實驗教育的骨幹；而新加入的老師，也因透過獨立甄選，尋找到背景多元、理念相同的夥伴，新舊傳承凝聚出屬於芳和的文化。

傳統體制的老師就地轉型成功，讓蕭玉潔主任非常訝異，她在一○九年到芳和接下研發處主任一職，以她過去的經驗，很難想像體制內學校的老師，居然能容忍如此的不確定性。畢竟在公立學校享有穩定的環境，教著每年都類似的課程……在舒適圈中養成習慣後，在對未來一無所知的狀況下，還願意啟動這場轉型，令人佩服。

不但啟動了實驗教育，這三年來，老師們集聚在此燃燒熱情，創造出芳和的亮眼成績，但「所面對的考驗，是否會損耗熱情，或者因投入太深，如花火般綻放後即快速消逝？」很多人都在假設這樣的可能性。

芳和是臺北市第一所公辦公營的實驗國中，在公家體制中做轉型發展，雖有實驗教育三法為本，但也被法規與慣例所限；由於無前例可循，每走一步如履薄冰，校方一直以來都仰賴共同的討論與決策，以確認有周延的思考，並集體前行。

起初認為，找到方向就突破最困難的挑戰了。但步步前行後，老師們才發現處處是瓶頸。短時間或許可以披荊斬棘，偶爾也可以繞路而行，但為確保目標不偏移，還是得逢山開路……每個階段都有不同的問題與困擾需要解決，若時間久、次數多，想必會受到影響，且令人疲乏。

面對質疑的心理建設

第一個挑戰是來自家長的壓力，但老師們不能像以往那樣配合家長，而是要堅持實驗教育的立場。就像登高山要擁有良好心理素質般，老師們要培養堅定的信念，確認自己正在參與一場實驗教育，然後有自信去直面家長，說服家長支持芳和所採用的方法。

第一屆這種狀況最多，有些家長對於實驗學校有錯誤的認知或過高的期望，例如「孩子沒有作業、學校不加強考試，這樣參加會考怎會有好成績？」或者「希望導師在聯絡簿上能鉅細靡遺地寫上孩子的在校情況。」諸如此類的要求，迎面而來。

部分深入認識學校理念的家長，獲知此事，則不約而同表示擔憂，他們在家長圈中也遇過一些質疑實驗教育的家長，於是心疼老師們還要去應付這樣的雜音，擔心會消耗老師的熱情。

所幸，第一屆的導師十分資深，雖然受到責難與誤解，但都能穩下來正面思考，甚至面對學生家長選擇轉出時，還可以淡淡的一笑說是「家長把我fire掉！」觀察芳和的資深老師，都有自己傳統的價值觀，以往也從未質疑過自己的價值觀，但轉型實驗教育後，卻天天被挑戰，還好未被擊退，成功度過這段歷程。

而當轉過彎後，也是他們帶著芳和往目標再前進一步。

實驗先行，等待制度追上的疲累

另外一個從老師們身上看到的隱憂是心力透支的後果。

> 實驗學校的老師需要持續的付出時，
> 會不會只能短跑達標，而難以持久？
> 但或許實驗教育會是一場接力賽。

透過不斷的共備會議，長時間的討論，老師們規劃出實驗教育的課程，但時常在執行上會遭遇實際困難，例如排課的衝突。通常會由教務處接下任務，將課表彈性調整，但為符合基本授課時數，又須有一番折衝。部分科目的專任老師，即使排完全校的班級時數也不足；可能須另開新課，或需兼任行政。這些改變，都讓他們付出的時間與心力大於一般正規體制的國中老師。

尤其是「探索」或「核心」課程，由於要轉變為探索式教育、要考慮跨領域……等因素，為老師帶來沉重的負擔。雖然大部分的老師們都說，看見學生的表現與回饋——再難也不會放棄，或把在課堂中學到的方法帶到另一堂課去發揮等——「都感到安慰與值得」、「很累，但很有意義，還是樂意付出」……

無論如何，現階段他們一直在燃燒，若無法補充能量，熱情可能很快會熄滅。關於工作得失不平衡的情緒，似乎默默在累積，若無視，有可能又是一場危機。雖然改革的是教育，但師資的育與留，絕對應該是實驗教育中要首先考慮的重要環節。

事實上，確認轉型實驗教育後，芳和有些老師因為不適應，或因與想像不同而離開，雖難以避免卻也遺憾；但也有老師以平常心觀之，認為高壓下的實驗學校，或許本來就會在某一時期內，產生一定比例的換血。

原因之一，實驗教育中的老師需要不斷觀察社會的脈動去做因應，但隨老師的年齡增長，或者家庭環境改變，無法一直處於變動的狀態，若發現無法專心於學校，就會退場。因此，變動似乎是正常的，就像產業界員工離職轉業一般。

原因之二，大部分的老師都認為自己無法一直處於熱情高昂中，經過一段時期，可能就難以承受高強度的壓力，甚至會需要再去充電，此時或許就會選擇離開。

雖然是人生階段性的選擇，但老師們也希望能有一個優離的調校機制，讓他們能順利退場。若能無後顧之憂，也會讓更多人願意投入實驗教育；或者是從預防觀點著手，投資更多的資源，或更多法規的彈性，減輕老師們的負擔，讓他們在日常就可以喘息。

所有的創新都會有一段過渡期，一群先鋒努力奠基，期待更多人的加入，但由於實驗先行，難免會有碰撞或掙扎，實際運作時才發現細節的綑綁。芳和完全改制後，除了教育的實驗，也帶來對制度修正的需求。老師一向是教改成功的重要關鍵，如何在師資培育與去留上有更好的策略，值得所有關心教育的人深思。

期許的背後是各種類型的壓力

實驗教育的公共化，被各界深深期許，但期許的背後伴隨而來的是各種型態的壓力，因為政府機關、教育界、家長……所想像的都不同，大家都需要萬靈丹，但實驗教育卻不是一顆特效藥。

琬茹校長在受訪時曾解釋：「實驗教育要拉長、放慢，才有辦法做更深入的試探；家長要有更多的耐心，體諒可能沒有辦法在國中三年有立即成效。」但各界目光焦點仍聚集於會考，都想看三年後學生們的「能力」是否能在會考中發揮。校園中，連學生都傳遞著「媒體很關心我們會考成績」這樣的消息。

教育是百年樹人之業，實驗教育是否成功，不但要看長期的影響，更不能以傳統價值觀來評估，甚至學生素質、家庭配合都是實驗中的變數。而老師們的付出尚未受到肯定，就要面對外界對成功的斷定。事實上，實驗教育的價值應該不是成功，而是不斷勇於嘗試，持續尋找更好的方式，就像探索式學習要求高品質的產出般，沒有極限。

芳和的老師們依然不斷在嘗試與修正，從六年一貫、每學年，乃至於每堂課，這無疑是一條漫長的遠征之路，將需要更多人前仆後繼，更需要支持與鼓勵。

實驗學校學生還要面對會考？

關於會考這件事，從轉型實驗教育之際，家長與外界就一再詢問，從一開始好奇「要不要參加會考？」到現在關心「會考的成績會如何？」而學校的想法是：接受實驗教育的孩子，應該有能力可以去面對各種挑戰，當然也包括會考。

國中教育會考是一項教育部舉辦的標準化成績評量，雖然是高中職入學基準，但也是一種檢核基本學力的方式。因此，芳和的學生參加會考的心態，應該不是只為了升學，而是期望接受三年探索式教育的學生，把會考當成一項挑戰，就像是登山攻頂一樣，希望學生將參加會考的過程當作是一次登山的訓練，校方與老師提供資源與方法，由學生自己評估選擇目標（考上的學校或成績標準）、安排訓練（讀書計畫），然後去驗證自己的學力。

但由於基本學力是入社會所必需的能力，因此，學校把學生的成績目標訂在最低要在B以上，而若平日有吸收課堂上的知識，做好老師交代的練習，老師們認為要達到B的目標，絕對沒有問題。

九年級的會考與多元評量的衝突

由於會考是孩子人生第一個重要的考試，無論如何，學校都會帶著孩子好好的去走這段歷程。

事實上，老師們在八年級就開始告知他們，在一般升學型的國中，幾乎每天都有考試、要讀各式的講義、回家後有做不完的題本。因此，芳和學生對紙筆測驗的熟悉度，遠遠追不上外界長期練習的學生。老師同時也告訴他們，要訂出自己的目標，評估自己的強弱項，老師會先帶著學生分析，尋找適合的複習方法，然後由學生自己選擇是否要上輔導課，即使不上課，也可以留下來自習。

然後制定策略，擬定達成的計畫，接著一步步去做。但老師不會勉強逼迫他們，完成度端看他們自律的程度。

除了有補習的同學能感受到與其他國中生的差異外，大多數的學生都沒有意識，直到九年級的模擬考，他們才被自己的成績震撼到，發現要想上公立的高中職，都要再加把勁，於是壓力湧現，連家長們都感受到孩子突然變用功了。

此時，教務處也出面安排輔導課與自習，但還是沒有強迫孩子參加，而是讓他們自己決定。首先請老師帶著學生分析：

留校自習的好處是什麼？

如果留下自習付出的是什麼？輔導課的用意是什麼？

要去思考自己哪一門學科，需要什麼樣的幫助？

也可以不上輔導課，回家自習，那優缺點又是什麼？

老師們認為，學校開了什麼課並不重要，去思考自己的需求，然後學會做決定，才是孩子在這個歷程中需要學到的。

以前的輔導課，都是先統計多少人要上，然後統一規劃，但這次

想一想對自己 有效 又 可達目標 的複習方法　(只是規畫參考，並非參加同意書)

時間過很快，要想清楚自己的需求，做最好的規劃　學生簽名:＿＿＿＿＿

✪暑輔下午自習：留在學校讀書(13:00~15:00)＋考試與同儕檢討(15:00~16:00) □需要 ☑不需要(會自主安排) **優點**：可以選擇討論，也可以自己讀書，不會不小心滑手機滑太久或睡個午覺已傍晚，有冷氣吹，能約束自己。 **缺點**：交談討論需移置其他地方，無法趴下睡覺。	✪第八節：開學後需要第八節嗎？17 人成班，未成班，可跟其他班一起上課 □需要(標註科目：＿＿＿＿＿) ☑不需要(家教、補習、能自己複習⋯) **優點**：加強想加強的科目觀念，由老師安排進度統整 **缺點**：不能去運動打球，課程規劃、上課方法不見得是你需要的，被動吸收知識，容易疲乏。
✪夜自習：開學後放學(15:45—18:00 或到 20:30) 想留在學校自習讀書嗎？ □需要 ☑不需要(會自主安排) **優點**：這段時間一起打拼的氣氛、無雜念的讀書空間、效率提升，不會東摸西摸浪費時間。 **缺點**：太晚回家、身體累了、無法先洗個澡舒緩疲憊	✪需要安排複習進度練習考嗎？ (星期一、星期四早上或其他時段) □需要　(考不完可發下當功課) ☑不需要(ㄜ⋯⋯一聲⋯⋯)(可發下當功課) **優點**：增加答題速度，精熟練習，至少把考試範圍考一遍，透過檢討，釐清觀念，檢核自己學習情況。 **缺點**：排定的進度不見得來得及複習，亂考一通。

✪講義：純粹服務(團購，價格較低)　國、數、英老師已決定　其他科目需要者請勾選
□歷史(活用)　□地理(大滿貫)　□公民(大滿貫)　□生物(配合暑輔)　□理化　□地科

教務處將輔導課客製化。真的讓每個孩子去想自己需要上哪些課；允許他自己決定這門學科是要聽老師上課，還是自己讀。所以，同一時間內有部分同學上課，部分同學自習。每個孩子選的課都不同，收費單不一樣，排課的難度也提高，但老師們覺得這是件有意義的事情，都願意配合。

雖然學生們自己覺得以前用功不足，但很多老師都覺得這些孩子真不簡單，前兩年下課後玩成那樣，九年級竟然可以靜下來念書，原因應該是自己做的決定與計畫，也比較甘願負責。

學生為了設計各朝代的考試方式，必須深入了解每個朝代的歷史文化，找出特色。最後還能圖文並茂製作出一本書。這份多元評量的作業，難度更勝紙筆測驗。

不在乎成績，並非不重視學習

社會的主流觀念，對於會考有相當的執著，但會考並不會干擾老師們的教學方向。反而是成績與學習之間的關係，才是要釐清的重點。

觀察芳和的家長，有很重視成績、需要排名、無法放棄升學主義的類型，但這類無法改變想法的家長，通常在七年級就會安排孩子轉學；另外一種是不重視成績，只要孩子快樂就好，表面上看來好像非常適合芳和，但有時會讓孩子誤解為不談成績，就不用重視學習。但事實是：實驗教育對學習的要求更高，若不重視學習，來實驗學校很可能就空轉三年。

所以芳和沒有放棄會考與基本學力，只是用不同的方法讓學生累積知識，過程中學生還是要全力投入，要繳交作業，這樣累積出來的學力，應考絕對沒有問題。芳和的學生每年都會參加師大心測中心「適性自主學習暨學習歷程資料庫」PASSION計畫的診斷型測驗，

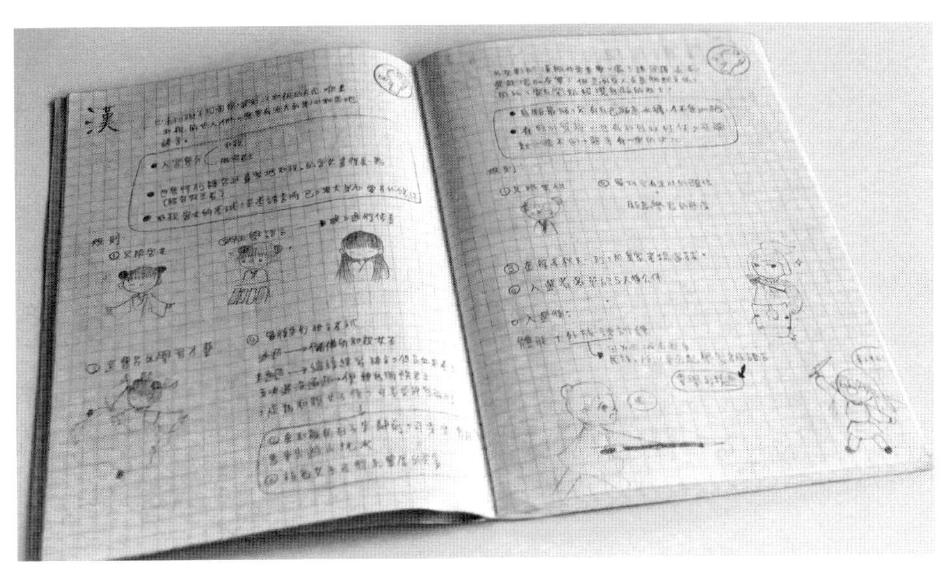

學生的測驗結果大都落在平均值中，可見沒有因為變化了教學或評量方式，而降低了學生的學力。

每一科老師都在提升學生的能力，所做的多元評量，也能結合會考的內容，甚至還跨領域，國文課曾經出過「什麼都有考試」，讓學生去設計符合各朝代的考試方式，為了將作業完成，大家把歷史也複習了一遍，學生們絞盡腦汁去設計這份作業，還有多位學生在聯絡簿上要求導師去看這份作業呢。

而歷史老師在課堂上帶孩子做閱讀理解，畫重點、做斷句，從最基礎教起，這項能力可以轉移到其他學科。數學老師也帶學生以心智圖作概念分析……所有科目的老師都有這樣的概念與信念，共同交疊下，孩子的能力就能加乘成長，因此師長們更相信孩子有辦法應付會考。

無法一氣呵成的遺憾

但在教學上，會考的確對僅有三年的實驗教育帶來影響，因為，三年本來就太短，在七、八年級發展出學生的能力，到九年級就又要打回原形，因為要把時間分去做反覆練習，讓老師們覺得有些可惜。

有些同學覺得九年級探索課程變少，一點也不像是實驗學校了；也有同學對於多元評量非常抗拒，覺得沒有時間做那麼多作業，尤其是課後有補習的同學，則希望能減少這類無關會考的課程。

曾任研發主任的韶鈴老師認為，實驗教育要培養的是這輩子都要讀書學習的人，而不是考上大學就覺得可以喘口氣，不用再念書的人。實驗教育的影響應該不止於三年六年，而是要延續一輩子。芳和培養出來的學生不會因為考試成績不好而覺得丟臉，而是要知道自己考得不好的原因。就此觀察，老師們對於會考並不會過於擔心，反而是怕為了會考而忘記其他更重要的事情。

小學就念實驗學校的柏旻，則對用會考來檢核實驗教育成績很不能理解。因為實驗學校學到的東西，會考反而都沒有考。他很希望臺灣能有更完整的實驗教育體制，從國小到大學都設立；更希望實驗教育能有不一樣的考核方式。這應該也是大家共同的期待！

多元評量

芳和對於學習成果的檢核採多元評量之精神，尊重個別學習需求，不強調統一的紙本測驗和單一分數呈現，各領域學科依其屬性、進度，彈性規劃定期與平時評量之時程與內容，並使用「學生參與評量」來創造參與及成就的文化，彙整學生學習歷程中各項量化與質性的評量與佐證依據；另透過辦理全年級或全校性的學習成果展示活動（學習慶典），讓家長、社區參與，以表揚與鼓勵所有學生的學習。

評比標準可由師生共同討論（學生參與評量），同時考慮學科專業的能力要求，以及學生對應具備能力層次提出合適的行為，使評量標準得依學生的特質和作品要求呈現的形式間做出彈性調整。

PART

2

遠征的歷程，隨時都在變動

啟程了，一步一腳印，在不斷的進化與滾動下，
逐漸建立了軌跡，老師、學生與家長，共同走出了一條路。
這段歷程，值得記錄，更值得分享。

6

老師每天都在進化……

芳和順利轉型成實驗學校的成功因素，是一群願意改變的老師們。他們以無比的熱情，尋找資料、參與研習、共同備課，嘗試以不同的教學法啟發學生的學習動力，然後日復一日的反思與修改。在過程中，他們也增能了自己，而且似乎每天都在進步。

十連峰的契機

但最初，無論是對實驗教育或探索式學習，他們都懵懵懂懂。

紀主任、阿勝、碧珍、舒茹四位資深的老師，人稱「芳和F4」，他們主動擔負起披荊斬棘的工作，讓轉型踏出了第一步。

芳和經驗的特別之處就是從無到有，沒有前例可循，也沒有現成的模組可套用，校長找到了方向後，大家一起開始了探索式教育的課程規劃，紀淑琴主任將翻譯好的國外手冊做了編修校對後給大家參考，讓老師們對探索式學習與外展有了基本的認識。

從確認轉型開始，為凝聚共識，校內不斷的開會，阿勝老師回憶當時的情景，「即便是有共識，但各自解讀也不同；即使解讀一致，後來又發現做法差異很大；即使如此，更重要的是在會議中有機會聽到別人的想法。」這種開放直言的風氣，至今還存在於芳和，也一直傳承著「共議式決策模式」，重視溝通、互動與協調，能包容不同聲音。

準備實驗教育的那一年，這四位老師還做了一件令人難忘的壯舉，他們在一天內完成了陽明山東西大縱走，從日出走到日落。回來後感觸極深，他們明白如此的旅程不可能靠一個人走完，但跟著大家就能突破自己，也感受到共同奮鬥的夥伴情感。

透過這次的登山之行，外展與遠征從概念變成了經驗，他們體會了學生將要遭遇的感受，於是在備課時更有感覺，「而且我們會因為教孩子或帶孩子出去，提升了我們的眼界。」碧珍老師說。

阿勝老師則爬山爬出靈感，著手設計了代表芳和的圖像，他在思考時回顧了整個教學生涯、現在轉型的意義與過程，與未來轉型實驗後還要做什麼。這一場思想的挑戰，後來促使他在適性探索選修課程中，開了一門設計思考課，他希望也能帶著學生經歷一次。

轉化核心課程

芳和的課程有三個主軸，包括「核心課程」、「探索課程」、「自我探索」，其中核心課程是部定課程，如國英數社自等，幾乎每位老師都要轉化教學法，以符合探索式教育，為了解探索式教育的精神與課程設計原則，校長請外部專家謝智謀、廖炳煌，來幫大家上課。

更派出秋霞老師去美國參加ELS年會，並將所見所聞帶回來跟學校的老師分享。

芳和實驗教育的學習圖像

學習圖像設計理念說明如下：

1. 外型似水滴、花瓣，引申出「大自然」的元素概念；色調上採桃紅色，取過去芳和「芳馨和美」、「樂心奉獻」之特徵。
2. 突顯「探索式學習」的核心理念。
3. 「＆」（and）代表的是課程核心：與真實情境的「連結」，以及人我、人與環境、人與社會及世界的連結。
4. 「＆」橫放具有中文「力」字的循環意味，象徵群力與勇氣，亦代表核心素養與能力。
5. 白色部分為「路」的意象，隱含踏實與探索含意；道路延伸出畫面，象徵行萬里路與跨域統整之「學習遠征」的意涵。
6. 以5個人像剪影呈現：以探索體驗活動（山野、單車、獨木舟、垂降、攀岩等）與學科知識、服務學習連結之「學習遠征」為實驗課程發展之方向。
7. 路面圍繞著圓形舊制校徽，象徵核心與傳承；色調上採鮮紅色，彰顯的是芳和團隊不變的教育熱情。
8. 整體而言，以極簡的方式，開創性的做法，呈現不簡單的概念，如同我們對實驗教育的期許：以簡馭繁、突破創新、勇於挑戰、超越極限、永無止息。

核心課程要符合課綱，因為孩子未來還是要面臨考試。老師們開始思考要怎樣做才能將這些學科轉化成探索式教育的學習。

課程內容這麼多，若都自己來設計有其困難性，而且時間也不夠，因此老師們的做法是先在網路上找範例，或者參加研習看人家怎麼做，擷取需要的部分，然後再來一起討論，最後放到課堂上實驗。

采邑老師第一年來到芳和就接下實驗教育的數學課。數學領域的共備很頻繁，而且常常會討論在課堂上的教學效果，如我試了Ａ方法，你試了Ｂ方法，或者同樣的方法在不同班上效果不同等，都會提出來討論，然後再做第二次就會好一點，精進後可能就會成為模板。模板產生後，進一步就可以歸納組合成主題。

要應付這麼多課程，除了發揮創意外，還要參考很多資料，再融合轉換成想要的課程，雖然難度不高，但要很花費時間。

不過，熟能生巧，剛開始采邑老師會參考模仿網路上其他老師的方式，後來就全部自己重做。設計課程時若從頭到尾都是一個人去發想，常會陷入瓶頸，還好在芳和有同領域的老師可以一起討論。她

時常透過共備研習，讓各領域交流，讓新舊傳承。

似乎也在瘋狂的自我實驗，每當有新的靈感產生，就去翻新的資料，然後嘗試。雖然教學的負擔比其他正規的學校重，但在這個過程中，自己會莫名的增能。

當過多年流浪教師的孟歆老師，曾經歷不同的學校，遇見過很多優秀的前輩，但教學的進度與壓力，一直令他們無法喘息，而無法嘗試更多的教學模式。芳和轉型前，老師們也有這樣的無奈，不大可能有時間讓學生們帶材料來做桌遊或者外出體驗，所以，若不是學校轉型實驗教育，老師們就可能沒有這麼多機會進行多元的教學，然後展現亮眼的成績。

經驗傳承老少配

目前芳和年資分布比例最高的是任教十六到二十年的老師，可以說是學校的中流砥柱；而比例第二高則是一至五年經驗的年輕老師，他們擁有衝勁與創新力，但由於人生經驗未完整，面對孩子情緒與心理狀態時，仍是一場挑戰。不過有「老少配」，美好的傳統將漸漸被傳承。

值得一提的是新甄選進入芳和的老師，幾乎都是跨域的人才，理化老師有生物與童軍專長，高中公民老師有地理與地球科學專長……因為學校選才條件，設定視野要廣，有多種專長可以很靈活跨領域運用的人才，英語老師還有外語導遊執照，表藝老師也可以全英語授課等，這些斜槓能力，在跨領域共備專題探索課程時，幾乎都可以在不同議題中相互溝通，激盪出更棒的想法。

一〇九年，芳和完成了三個年級全面轉制，大部分的課程與制度也略具雛形，又即將迎來高中部的實驗教育。琬茹校長開始籌劃團隊建設的活動。在秋假期間，先安排老師一起去龍潭渴望園區參加外展教育中心的體驗活動，早上是室內的ＰＡ課程，下午是戶外繩索的挑戰，趁此機會老師們可以更加理解，並進一步思考探索體驗活動如何應用於學習，當老師們高度參與時，共識就建立了起來。

接著又帶領二十多位老師前往臺東，參訪均一與初鹿夢想家兩所實驗教育學校，從參訪中觀摩不同實驗學校的特色與教育方式，交換意見。也讓大家知道每所實驗學校都會遇到問題，自己一點都不孤獨。

一路上這批新世代老師活力十足，走到哪裡都可以討論課程，且都能非常自然而然地考慮著跨領域的互動，似乎讓人看見芳和未來的校園將朝氣滿滿。

課程設計不斷滾動式修正……

在研發「探索」類型的實驗課程時，光是課程名稱就令人傷腦筋，要考慮內涵，還要考慮外界對名詞的想像。課程名稱訂好，開始執行時，又不斷遇到問題，一路邊做邊修改，調整出適合臺灣的樣式。這整個在地化的過程，非常值得分享，尤其是現在稱之為「專題探索」的主題課程。

專題探索課程在第一年還叫做「主題課程」，課程設計是想仿效美國式的探索學習，他們是把一個主題分散在各個學科中，稱之為「學習遠征」。整個課程中包括第一手資料的研讀，所以學習者需大量閱讀文本；要有專家導入；要有田野調查；還要有產出。舉例而言，若以第二次世界大戰作為主題，所有不同領域的老師都會以這個主題為授課範圍，但美國的學校課程類型比較單純，即使跨領域，充其量也只有語文、歷史、藝術等，整合相形容易。

反觀臺灣的探索式學習，其領域與科目建立在原本體制下，由於畫分太細，在操作上並不容易。再加上考量到臺灣學生並沒有類似的上課習慣，若做跨領域的主題統整課程，還要讓孩子留下深刻體驗；若打散在各學科進行，效果不夠明顯，於是特意拉出兩節課成為主題課，請不同領域的老師進駐這兩堂課，用所謂「上車下車」的模式來進行。

課表出問題，改模式

起初，主題課程由教務處統籌，一開始先做出樣本，當教務處的孟蒔主任看見用上車下車的方式，每個月由不同領域的老師進駐時，就心想完蛋了。這表示主題課程那兩堂課的時段，所有參與領域的授課老師都不能排課。第一屆一個年級就卡死全校的課表，若第二年再排入一個年級的課表，那幾乎是無解。

她意識到這是很嚴重的問題。

立刻開始去尋求可以符合教育行政的樣本，又可以符合上下車概念的做法。最後就成為每一學期由一個領域來負責，若需要其他領域介入時，就回到原本課堂中去處理。例如，第一個月若需要國文領域協助，國文老師就在國文課中進行，而非在那兩堂主題課裡上課，如此其他老師的時間，就可以釋放出來。但三個學期就有三種課表，也非常可觀。

銜接出問題，請導師出馬再設定主授

除課表的問題外，一〇七學年第一學期就發現銜接上不順暢，不同領域老師對同一個主題的切入角度及方法都不同。補救之道是

第一年的主題課程以「超級房仲出任務」，作為關心社區的切入點，讓許多學生印象深刻。

由導師作為專案管理者，不管哪個領域老師上車下車，導師都要從頭跟到尾，但導師也只能稍微了解狀況，很難去協助銜接的問題。

第二學期立刻做了更改，由導師做專案管理者，國文老師主授，社會領域老師來協同，並預計第三學期再請社會領域接回課程做收尾。但結果不如預期，即使放掉了上車下車的作法，以學期做切換，事實上還是很難銜接。

主因是不同領域的教學邏輯與表達呈現方式不同，三學期各自表述。第一學期是社區踏查，認識社區，並產生問題意識，帶孩子去設計提問。第二學期是國文老師帶領桌遊設計，將第一學期的觀察製作成桌遊。第三學期是要設計一個行動方案。所以一年的課程被切成了三大塊，整體性不夠。

經過老師們的檢討後，決定第二屆入學的七年級整個做大幅修正，由社會領域承接一整年的主授。然後，需要其他領域老師協同支援時，則請各自在本科的課堂中教授相關的內容。此時，第一屆升上八年級，八年級則固定由自然領域的老師主授。

為何會由社會與自然兩個領域老師挑大樑呢？

琬茹校長曾在某次全校會議討論課程時，把學科做了分類，社會和自然是議題學科，國英數是工具學科，健體綜合藝術等是應用學科。可以發現每個學科有不同的特性與運用的方式，而社會與自然領域比較適合發動議題，相對也比較容易跨領域，此外研究方法也最為典型。

所有人雖都意識到這樣比較妥當，但要說服這兩個領域老師願意接下這份重擔，需要很多的溝通與安排。為求公平，另外的適性探索課程，就由其他領域老師擔綱，慢慢的形成共識。目前專題探索與適性探索這兩門課程，都移交給研發處（後更名為實驗新創中心）負責，更專心於跨領域的發展。

課程內容的問題

沒想到教案設計上，也發生了狀況。第一年在設計時，社會領域老師與導師花許多時間共備，帶著九年一貫主題課程形式來設計，為了引起孩子的興趣，設計了各種活動，甚至帶有競賽性質，以至於課程似乎有點過度包裝，變成「課程活動化」，但探索式教育是要將「活動課程化」。

走讀365·天天Fun學趣

「走讀365・天天Fun學趣」是芳和三年學習具體目標，其中365分別代表「三次山野體驗」、「六類技能學習」與「五座城市連結」，可以在芳和的各種課程中，發現這三項具體學習目標的身影。詳細解釋如下：

1. 三次山野體驗：包括分屬不同山系、地質、林相、生態等。
2. 六類技能學習：體能類（單車、攀岩、輕艇、垂降、溯溪等）／生活技能類（急救、作物栽種、野外求生、烹飪、手工藝等）／科技類（程式設計、科技創客、科學探究、實驗設計等）／藝術類（音樂、美術、舞蹈、戲劇、微電影、設計等）／語文溝通類（英語、日語、韓語、主題簡報、校園導覽等）／其他（社會服務、國際交流等）；採認證制，每年至少需認證兩種能力，三年6種能力至少含3個類別。
3. 五座城市鏈結：城市內的學習探索、偏鄉服務、姐妹校互訪交流、國際筆友或夥伴學校的書信往返及視訊交流等。

八年級學生在自然領域的專題探索課程中，培養實驗與探究的能力。

接著當國文老師第二學期接手，做後設分析時，問學生：「你們第一學期學到了什麼？」結果學生的回答都超出預期。

有學生說：「我們學到了如何推銷自己的方案。」

還有學生說：「我們學會了表演。」

至今，九年級的翔宇和同組同學，對當時為達到老師要求，找資料、推銷房子，還有以ＲＡＰ型態來報告的情景，仍記憶猶新。學生的反應竟出乎意料。教的是認識社區、教如何判讀地圖、教如何訪談，以及如何整理資料，結果學生們印象最深刻的事情，卻不是老師所授予的方法。

如此的重磅回擊，讓老師們開始思考，課程設計不能流於活動化，課程不在於多元有趣，而是得回歸到要教給孩子什麼樣的能力。這是一次很棒的「做中學」經驗，老師們學習到「要帶起孩子的學習動機，又不能讓課程過於活動化」的平衡。

八年級的專題探索課程（原主題課程）由自然領域來主授，課程預定以環境永續的議題為主題。不料，又出了問題，原因是授課的老

師當年度才考進來，八月到職後就立刻接手專題探索，以及前輩留下的課程設計。

初來乍到的怡青老師，與學生不熟，也不大了解學生們前一年的學習歷程。此外，不是自己設計的課程較難以發揮，她記得第一節就是溫室效應、氣候變遷等文本資料分析、圖表分析，對國中生而言非常困難，且興趣缺缺。

就這樣上了三週的課，課堂上的孩子完全沒有反應，她愈上愈覺得不對，心想要趕緊做修正。轉以自己擅長的分子料理去與環保永續做連結，解構食物，用科學方法做烹調；也用生活化的實驗，如酸鹼對於蝶豆花的影響、布料材質與環境的關係，甚至與學生一起做二手衣物的回收再利用活動。因為與生活有關，學生非常有興趣，也比較能引起學習動機，更重要的是可以同時帶入實驗操作與探究能力，為第三學期探討議題的課程做鋪陳。

如此慢慢引導到第三學期，學生們經歷過食衣住行跟環境連結的課程後，有能力去選擇一個想要探究、並與城市有關的命題，然後依據主題去設定研究方法，最後產出一份研究成果。這學期學生們動起來，有的學生去訪談，產生報告；有的做實體布置，把校長室布置成綠空間；也有孩子用問卷，調查健保資源是否被浪費……

經過這次的經驗，老師們也明白：即使是最好的教案，也不一定每位老師都能上手，所以跟協同老師一起協調、共備很重要。此外，也發現剛開始七、八年級獨立操作時，每位老師都會拿出自己覺得重要的內容給學生，沒有顧慮到縱向的連貫性，或與其他學科的連結，這些都將要在未來做微調。

一〇九年，自然領域的第二年，又有新老師加入，這次自然領域的老師們共同設計了適合國中生程度、又可以被執行的課程，並且慢慢做縱向的連結，讓學生的探究能力，隨著年級提升而有系統性的增長。

專題探索經過三年的執行與修正，在實驗中找出更適合臺灣學生與制度的樣貌，也有更多老師參與跨領域共備。一〇八年入學的學生屬於十二年國教體制，明年升上九年級時，將持續進行專題探索課程。此外，目前「實驗新創中心」每週都帶領老師開會盤點，嘗試將專題探索課程嫁接到即將招生的實驗高中，成為六年一貫的能力養成課程，相信又是一場值得關注的實驗。

8

制度跟著發展跑……

轉型實驗教育之際，除了建立理論基礎，提出計畫外，行政上的繁瑣事項，是不可忽視的細節。制度的改變多半是因應實驗教育發展所需，就如同課程發展一樣，不斷依照需求去做修正。

人事、制度與組織更迭，是為了教學而服務，從這些新的嘗試中，可以從另一個角度，一窺芳和這條實驗教育之路。

去留，確認適合與不適合

琬茹校長一上任，首先面對的就是老師的去留問題。申請轉型實驗教育後，在一〇六學年時，老師若想轉校不再留在芳和，可以在此時申請調校，當時減班調校作業辦法中有一條有利於芳和老師的條款，即當積分相同時，因為學校轉型因素離開者排序第一。這是個很好的機會，讓進入實驗體制有困難的老師，可以順利離場，畢竟留下來可能要改變教學方法，要適應新的作息，更要付出更多心力去投入跨領域的合作。

為了讓老師們能評估自己是否適合留在實驗教育學校，當時琬茹校長與教務主任孟蒔一起討論，製作了一張自我檢核表。老師們透過題目的勾選，一方面可以思考實驗教育的困難與特性，確認是否合適與願意付出，若答案是否定的，趁著機會轉調出去；另一方面校方可藉由總分評估這位老師是否適合留下，或者是還需要心理調適或準備，學校必須提供協助。

第一年主動離開的老師有八位。原因有即將退休或不認同實驗教育；也有因為三學期制導致家庭作息不便而離開。本來預想老師

教師徵選過程不簡單，除了要設計教案外，
還要參與團體動力面試。

會參考自己的分數做抉擇，但最後也有老師做出來的分數不高，還是選擇留下。不過，當真正進入實驗教育後，他們的表現與感受，就如同檢核表上所呈現的結果，因此第二年還是離開了。

在組織轉型時，適度的人員異動是必要的，所幸留下的老師並不少，足以維持學校的穩定。若換個角度思考，留下來的老師表示認同實驗教育，願意為共同的教育理念一起往前行，如此成功率也能提升。但第二年，有三位帶班導師要離開，校方只能忍痛換將。不過很幸運地，也有行政經驗豐富的老師，願意重回行政團隊，讓整個團隊更堅實。

新血，都是一時之選

很幸運，芳和可以自辦教師甄選。

對於實驗教育學校而言，若是循教育局聯合甄選的途徑，不一定甄選得到適合或者認同學校理念的老師，所以從需要換血時，校方

就向教育局報備，希望能獨立招考。

在第一屆教師甄選的簡章裡，簡單講說明學校理念、課程概況與需求，還有應考的內容。跟一般教師甄選不同，芳和沒有一般專業課目的筆試測驗，而是直接要求老師設計課程、寫出教案，並說明教案的設計理念。

校方先從教案中挑選合適人選，接著進入複試的試教環節，看應考者如何教授所設計的課程。現場試教可以立刻看出老師是否有跨領域的能力。

第二年開始，芳和在複試中加入跑步項目。因為學校有外展活動，老師必須要有基本體能。並不要求老師有十項全能的高標，因為在芳和老師可以跟學生示弱，學生也會主動協助老師。但老師的體能要能應付基本的單車、登山等活動，而且最重要的是要有意願在外展中去陪伴孩子。

第三年試教考場，又加入坐在台下的學生。評審委員們可以從孩子的反應中，看出老師與孩子的互動狀態，以及老師的臨場反應。

教師甄選一年一年精進，現在複試之前，還進行團體動力的測試，會給老師一個情境，然後觀察記錄他們在團隊中的參與程度與表現。這段不會計分，但可以給口試委員參考。

通常報考國中老師的狀況，大概每科會有三十多位報名，因為大家都知道考教案不簡單。但要招考高中老師時，人事主任很緊張，怕會忙不過來，因為據說其他學校一個缺可能會有兩百多人來報名，所幸因為是考教案，每科報名人數還是三十多人。教案設計的門檻比較高，不是背完科目就可以應考，通常要有做過跨領域課程的實作經驗，才有可能設計出好的教案。

芳和的學校人員規模（109年底）

- 現有普通班12班、特教班3班（含集中式1班），學生250人。
- 教職員工70人（教師52人、職員16人、校警1人、工友1人)。
- 師生比 1：4。
- 教師具碩士學位者佔61.5%（32人），平均年齡40.75歲。

教學年資	1-5	6-10	11-15	16-20	21-25	26-30	30以上
男	4	1	2	2	3	1	0
女	10	6	2	9	7	4	1
人數	14	7	4	11	10	5	1
比例	27%	13%	8%	21%	19%	10%	2%

第一屆的導師瑜珊，在一成不變的升學掛帥循環下，已經產生職業倦怠，當看見芳和的理念與甄選方式，覺得會是她轉變的機會，就決定來報考。還記得學校提供了學生圖像，和三個年級的課程，她搜尋相關資料，設計了適合的課程教案。教案通過後，進入複試，在短時間的試教過程中，她把教案完整呈現出來，開啟了新的教學生涯。

瑜珊老師本來就很喜歡不同的活動與教法，所以她覺得這場應試對她而言並不難，當時只覺得跨領域是比較抽象的概念，最後回歸到「希望學生能學到什麼」的初衷，才找到方向。

教甄都是透過外聘委員評分，能過關的都是一時之選，毫無疑義。這批年輕的新世代，也為芳和注入了新活力。

三學期制

一般學校上下學期，一個學期是二十週，學期非常長。而芳和在轉型實驗教育時，一方面考量學生的學習節奏需求，欲使學習與休息時間有適當的調配與緩衝，避免學期過長產生學習疲乏，或暑假過長造成的「夏季學習失落」等現象；也期望學生在學習時維持較佳的學習動能，有更多自主學習與規劃的空間。另一方面則因為一學期十至十二週比較適合安排專案主題式課程，因此，就決定效法部分西方學校，採取三學期制。

三學期制很快就受到老師們的認可，連當時八、九年級仍是舊制的家長也願意支持。

但為了轉三學期制，卻有很多行政事務要處理，最辛苦的是教務處，為了預防之後產生的問題，不斷開會去討論執行的方式。首先，要去盤點三學期與兩學期，在業務上是否會有衝突，接著立刻要調整與處理。

雖然是三學期，但有些日期還是必須與其他學校一樣，例如每週二下午的技藝教育學程，九年級的學生會去技術型高中參加技藝課程，但課程是兩學期，當然是要配合對方，所以輔導室在辦理這項業務時，就知道要設法符合高職端兩學期的規劃。

關於升學的資料，都是上下學期的；服務學習也是要切上下學期；當然成績單也是。芳和是三學期制，每學期兩次定考，其他學校是兩學期，一個學期考三次，總數都是六次，所以校方只好跟家長說明，學期成績單並不是第一學期結束就發放，而是第二學期第一次考試後才發。這些不同常規之處，要先讓家長知道，否則等家長在學期結束時才發現沒有成績單，就不好收拾了。

各種跨校會議的對應或對教育局端的需求，也要協調。例如每個學期、每個領域要有八次學習工作坊，芳和就請老師規劃一整年十六次，以總數達到目標。

至今，學生與家長對三學期制並沒有太多意見，大家都很習慣、也喜歡這種比較平衡的設計。甚至若問學生：「你覺得芳和有什麼特色？」他們會回答：「一年有三學期，會放四次假。」對於孩子而言，春、夏、秋，加上年假，真是再快樂也不過了。

教務處的轉型

轉型初期，芳和仍然維持較傳統的組織型態，只是有些行政單位要負擔有關實驗教學的工作，在課程開發上，最重要的研發處也還沒有創立，課程創新的重擔都落在教務處。

直到第二年才進行組織再造，其重點是教務處部分業務移轉到研發處，教務處明確地負責傳統國英數社自、藝術健體科技綜合等課程，任務就是讓基本課程更精進、評量更多元。

教務處一方面執行庶務，以及固定跟其他學校一起開會，完成教育局交辦的事項。另一方面，陪伴老師做教學創新，同時為學生在學力發展上，做最好的支援，如尋找資源做補救教學、安排客製化的輔導課等。

因為芳和是小學校，在改革創新上速度比大型學校快很多，也因為老師人數少，無論是建立共識或者改變制度，都較能輕鬆翻轉。

新增研究發展處

大部分實驗學校都設有研發單位，芳和則在一〇八學年度新增研究發展處，旗下設置「實驗研究組」，專職負責實驗教育研究及推廣交流、實驗課程創新研發等事項。並於一〇九年改制為「實驗新創中心」。

由於在課程上若要做得特別精進，就需要專責單位。目前帶領老師設計高中部的課程，以及負責「專題探索」、「適性探索」等課程的開發與共備工作。

另設外展探索中心的考量

轉型開始的前兩年，外展活動的規劃執行均由學務處的訓育組與體育組負責。體育科原本的課程負荷量就非常大，更重要的是學生年年增加，外展的量愈來愈大，且課程概念普及到各個領域，一至芳和在籌備高中部時，將組織型態做了大幅調整，更適合實驗教育的發展。

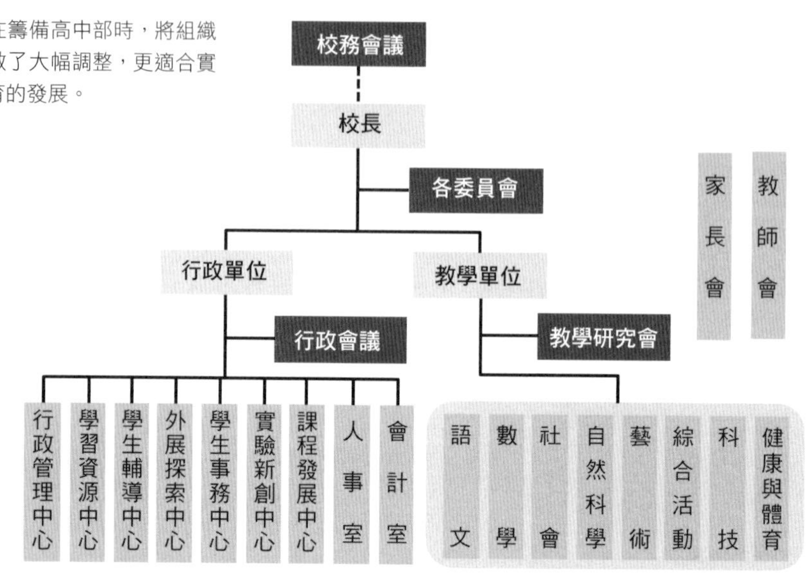

一個半月就要辦一個大活動，與各個領域溝通的工作日趨繁重。

外展牽涉到的並不僅是體能問題，體育只是其中一個領域，還需要跨域結合，需要專責單位去把品德、學科、體能等項目做整合，以達成ELS以品格與體能為基礎的外展精神，並融入學校教育的理念。因此，第三年起就設立了外展探索中心，全校外展活動便改由外展探索中心的人員負責。

第一屆的畢業旅行將在會考隔天進行，將是全新的高階外展活動，相較以往以體能為主的外展，這次更類似展現學生三年來的整合能力，剛好有專職的外展中心來負責統籌。

改制為中心制

為因應未來高中部成立後，成為六年一貫的完全中學體制，一一〇學年度起校方將行政單位重組，因為未設秘書一職，而調整為七個一級單位，並且採用中心制。這樣的變革，受到教育局與審議委員的肯定，認為實驗學校的組織型態也需要創新思考，而不是沿用傳統架構。

改組主要是希望在合理範圍內將行政業務精簡化，接著可以更細緻的去發展組織功能。而採取中心制是想要突破以處室做為行政業務分科設層的慣習思維，導以「中心」之幅散、連結概念，期使行政作為走向「工作圈」模式，以利於進行動態彈性分工，符合實驗教育的特性及需求。所有行政工作都是為課程服務，若沿襲以往處、室的用法，感覺是侷限在一個框架中，此外，更改名稱也賦予了組織再造的精神。

七個中心分別為：課程發展中心、學生事務中心、行政管理中心、學生輔導中心、實驗新創中心、外展探索中心與學習資源中心。

班級的經營與以往大不同……

第一屆轉型實驗教育的學生共四個班級，據說四個班級都有獨特的性格，但與四位導師卻十分搭配。一班的學生自主性較強，導師是阿勝老師，一向能屈能伸，可包容他們，又能與他們對談溝通；二班學生都很有自己的想法，剛進學校時很常吵架，導師要能聆聽與調停，剛好碧珍老師對學生有無比的耐心；三班很溫暖，但有點小被動，總要老師推著走，年輕的瑜珊老師帶領剛好；四班單純而活潑，很愛講話，上討論課效果最好，歡起來時，舒茹老師就要板起面孔。

四位導師中除了瑜珊老師外，都是芳和資深的老師，他們當責不讓、挺身而出擔負起這一屆導師的重大責任，是順利轉型的中流砥柱，也是重大功臣。

學生個性不同，親師關係改變

正因為從「老芳和」走來，他們對於改制前後的學生差異，非常有感。

從前的學生多半是學區內的孩子，很多家裡做生意，家長晚上沒有餘裕陪伴孩子。不放心的老師們，除了教學之外，還操心他們的生活，如學生留下來參加夜光天使班時，會擔心他們有沒有吃晚餐，顧著作業有沒有寫完。

有次，晚上颱風過境，學校希望晚自習的學生早點回家。若聽到颱風來了可以回家，一般的孩子應該很高興，但這些學生卻說：「回家後，那我功課怎麼辦？」當時的學生是把學校當成避風港，把老師當作親人，十分依附與順從；學生們很「甜」而貼心，讓老師也願意

利用家長日，除讓家長知悉孩子的狀況外，
也達到親師間的溝通。

為他們付出。

到了實驗教育階段，學生來自四面八方，雖然家庭背景都不同，但可看出至少都是在家長呵護下長大，家庭給予充足的支持與照顧，從小處於被愛、被信任與尊重的環境中，自我意識較強，對老師的依賴也相對減少，那種視師如親的感受也消失了，讓老師們有點失落。

唯一感到安慰的是，以前看到學習上需要幫助的孩子會很急、很心疼，深怕學校沒有接好他們，回去家長也沒有力量挽回；反觀轉型後進來的孩子，無論如何，家長都能牢牢接住。老師們必須轉換不同的心態去面對「新世代」。

家長家庭不同，需要更多的溝通

就普遍的觀察，新制小孩比較像是不太乖的世代，他們很有自己的想法；同理與包容心比較弱，但自信與好勝心比較強；在學習上，由於家庭完善，生活品質也不同，身後擁有隱形的社會資本，刺激著

他們多元能力的發展，眼界與格局都不同，老師們在教學時，很清楚地可以看出差異。

因此，在帶領實驗教育的孩子時，必須以道理去說服他們，不像以往有為師為父的權威，導師們在這點上做了很多的調適。所幸留下來的老師，基本上都有心理準備。

對於阿勝老師而言，擔任導師並不難，他認為自己作為導師這個角色，和經營班級的方式沒有什麼改變，是進來的孩子改變比較多，但因為芳和以前就是小班小校，本就會針對學生的個別需求，給予不同的規範與設定。

話雖如此，但要凝聚班級家長的共識，讓家長理解實驗教育的做法，阿勝老師在溝通上也從不放鬆，像是在臉書上發布學校各種活動細節與學生動態，讓家長能第一時間知道。很多家長都說，透過這個管道還認識了其他的孩子。

八年級班上家長辦露營，主辦者是又煦媽媽，當日大部分的家長都出席了，晚上所有家長圍著營火互相認識，開始聊天。那一晚阿勝老師很感動，因為當某位家長提出問題時，就有其他的家長搶著回答了，果然透過家長去溝通的效果更好，大家也藉此機會凝聚了對孩子教育的共識，之後班務推行就更順利。

在芳和轉型後，許多家長扮演正向的角色，安撫了家長群中的質疑與不安，也與學校互動良好，使老師受到更多的尊重與支持。班上的又煦媽媽則透露，有些事情家長說沒有用，她會請阿勝老師幫忙跟又煦說，通常都會成功，由此可見，阿勝老師還是獲得了學生的心呀。

除了學生有主見外，實驗教育的家長也非常有想法。碧珍老師覺得與家長的互動，可以讓老師們的思考更周全，班上家長有意見都會提出，也會一起溝通，找到更多可能性。

宇亮媽媽說，她從與碧珍老師的對談中，可以感受到碧珍老師用自己的方式守護著這些孩子，她細心聆聽家長的問題，不但會回饋對孩子很細微的觀察，還會跟其他老師詢問狀況後，回覆最完整的資訊。

芳和原本就是一個親、師、生的友善環境，老師與學生情感緊密，或許新制的學生剛開始會覺得上課只要課程交代清楚，並不想跟老師在情感上建立連結，但漸漸地還是會產生感情。

ＩＡＰ會議看見每個孩子的不同

芳和的老師對每個孩子都很了解，甚至都能叫出名字，這件事讓很多家長都十分訝異。殊不知學校會舉辦每週一次的ＩＡＰ會議，這是芳和的特色，在學校中舉辦如此細緻討論學生的會議，非常難得。兩年多來的不厭其煩，卻成為實

自我探索課程

包含領導探索、自主學習和社團活動。

領導探索課程（一週兩節），為導師依班級學生屬性設計之引導課程，檢核學生學習圖像之實踐，或安排班級性、全年級或全校性的講座或課程活動，培養學生團隊合作與領導協調的能力。

自主學習時段為空白課程，為學生自主管理及探究學習的時間，九年級以上開設，培養學生運用學習資源、擬定目標、自主管理、完成學習。

社團活動於週五課後時間開設，由學生自主提案成立社團，培養其領導、規劃、服務及執行等能力，依據自己的興趣，組織與運作社團，並共同完成目標。

驗教育中，引導學生適性發展的基礎。

芳和學生的生活管理朝著跨年級與班級的方向去進行，所以在ＩＡＰ會議上，從七年級開始就一直共同討論每個孩子的狀況，第一學期是以班級來做綜合的報告，第二學期後，每次會議每班導師都會很仔細的報告五位學生的狀況，一方面讓所有師長都認識這些學生；另一方面，有些孩子的狀況，真的需要大家一起來討論。此外，更可以交流經營班級的心得。

例如有些孩子的心理狀況，可能不敢跟任課老師講、或者他懼怕某些課、或可能來自老師某句無心的話，使他排斥那堂課……此時，若在會議上提出，就能事先讓任課老師知道，並幫忙留意，適時關懷。還有些學生在分組時，就是不能放在一組，老師若不知道這些細節，就容易造成課堂進行不順利……所以，透過這個會議，任課老師就能非常了解每個班級，知道孩子們特別需要注意的事項，簡直就是場學生情報大會呢。

三班導師瑜珊是生物老師，因為只有七年級有生物課程，所以

IAP會議

為了掌握孩子的學習步調，運用質量並重的多元檢核方式進行學習評鑑，全校老師（包含導師、全體任課教師、資源班教師、輔導教師等）每週一次舉行「教師群組會議」討論學生的「個別化適性教育計畫」（IAP- Individualized Adapting Program），即時收集學生學習的狀況與問題，以便及時協助處理與補救，並集結各方領域專業教師一同研擬解決問題之策略，訂定學生學習進程的建議（加深加廣、補救教學或尋求進一步的專業鑑定與協助）；教師們亦可在會議對談中相互精進班級經營的策略與方法，共同成長，並彙整學生學習質性評量的資料與佐證依據。

當自己班上的學生升上八、九年級時，就較難掌握課堂上的學習表現，但透過ＩＡＰ會議，她便能追蹤到學生最新的狀況。當家長想知道孩子的在校表現，而導師沒有其他管道得知學生的狀況時，提供的訊息就很容易有所疏漏或偏頗。加上有的孩子在導師面前看起來很正常，但在其他課堂上就會產生異常行為等等因素。即使每週聚集一次開會很辛苦，但卻可以綜合大家的觀察，並進一步客觀的認識學生。在芳和校園中的每位學生，都擁有全校師長的關注，這件事真的超乎想像。

ＩＡＰ會議的糾結

ＩＡＰ會議是由研發處負責的業務，每次報告學生的狀況，對於某些老師而言，可能有些枯燥。所以，第二年就安排穿插主題討論，或專家講演，透過這全校老師共同參與的IAP會議，像是一場情報大會，又像是醫生會診的情景，所談論的都是關於學生的發展。

段難得的時間與全校老師分享，讓老師能有更多的互動及收穫，更樂意前來開會。據說研發處的成員們在會議前一天會非常焦慮，擔心隔天會議是否能順利完成。

事實上，也是因為ＩＡＰ會議開到第二年時曾遇到一些瓶頸，所以使他們特別緊張。原來是報告學生狀況時，有時老師們的情緒會被影響，因為當年學生們剛入學時，整體狀況極不穩定，這屆的教師較第一屆年輕，在壓力下，這個會議自然而然成為求助與求教的出口，有時會「充滿著負能量」。

會議主席是琬茹校長，可以想見她的壓力更大。在會議中不是不能接受老師在說明時抒發一些感受，而是全校老師都在場，要如何踩煞車改善氣氛？

後來，校長以穿插討論課堂上的表現來轉移焦點，也希望藉此用另外一個角度來看學生的表現，才讓會議氣氛漸漸導入正向。後來，老師們也漸漸改變表達風格，並具體提出需要大家協助的事項，而跳脫了受情緒影響的狀況。

每個孩子都有不同的面向，會議中曾經討論過某個學生，在國文科狀況頻頻，但數學老師卻稱讚他：在數學課解題時會使用策略方法，表現很好。每位老師看到的學生優缺點與特質都不同，就像是醫生聯合會診的概念，找出學習癥結，幫助學生發展，所以ＩＡＰ會議持續聚焦在學生事務的討論絕對必要。只是要讓老師在開會前準備好陳述的內容，而不是流於報告或訴苦。而透過這些磨合的機會，芳和的老師們建立了更進一步的共識。

空白聯絡簿

提到聯絡簿，很多人會想到那本上面寫著今天的作業、導師的交代，然後要家長簽名的本子。但在芳和聯絡簿就像是一本手帳，讓學生能自由書寫，是記錄自己的工具，而不是讓爸爸媽媽簽名查核的簿子。因此，在芳和不會見到導師將學生的狀況，鉅細彌遺地寫在聯絡簿上的景況；甚至學生作業幾乎都在課堂上完成，不會帶回家，聯絡簿上自然看不見有哪些作業。

第一屆轉型時，導師們想給孩子不一樣的感覺，就讓聯絡簿成為學生自己的學習日誌，可以記錄工作項目、可以分享心情、可以寫文章或畫插畫，完全不拘形式，學生可以自己規劃版面，就像是寫手帳的感覺。

瑜珊老師每天都要花上一兩個小時來閱讀並且回應。尤其是七年級時，學生非常在乎老師的回饋，就靠一本簿子，維持著師生的互動。有些同學喜歡創作，會每天花時間用心記錄，而且圖文並茂，但也有些同學不喜歡多寫，也不愛畫圖，每天就只寫上幾句話，導師也不勉強。

目前，三班仍然維持著這本特殊的聯絡簿。班上有些孩子滿擅長平面的表達，創造力也很好。到九年級，都還有一半左右的學生，每天花精力在聯絡簿上畫插圖、寫小說，盡情展現自己的想像。

丞芸的聯絡簿上密密麻麻的是連載小說，喜歡寫小說的她，每天都有創作，導師是最忠實的讀者，讓她盡情發揮；國文老師更指導她寫作的方法，讓她深入發掘自己的潛能。丞芸媽媽本身是華德福的老師，她每天簽著女兒的聯絡簿，看她總是富變化又有創意的去使用那本空白的聯絡簿。近三年的時間，她從中看見的是女兒在國中的健康心理發展。在她的觀察中「不止是我的孩子，而是各種特質的孩子，在芳和都有機會被看到。每一個老師都能看到每一個孩子。進來芳和就有機會展現自己，不要放棄，不要害怕會遇到挫折。在老師們一次一次的鼓勵下，孩子幾乎都會有改變。」

無論是IAP會議或者一本可以自己發揮的聯絡簿，都顯示著芳和對學生的重視。因為，在這個學校中，學生才是主角。

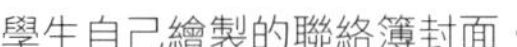
學生自己繪製的聯絡簿封面。

10 家長要成為最棒的應援……

當芳和的家長聚在一起，談的不止是彼此的孩子，還會聊到不同班級的孩子，彷彿大家都很熟悉，像一個大家庭。

或許因為學校不大，學生不多，很容易記住；或許是孩子的好同學，所以熟悉；也或許因為學習慶典時接觸到他們的作品，所以印象深刻；但最重要的原因應該是家長的用心投入，所以愛屋及烏。還有家長說：「芳和有很多眼睛幫你看著孩子。」這就是屬於芳和的溫馨。

轉型實驗教育後，家長的結構完全改變，以往大部分的家長都是在學區內，聯絡與聚會都比較方便，但現在來自四面八方，因此，願意花時間來到學校參與事務，或者支援活動，更是難得。

學校與家長無法切割

承允媽媽長期在學校內當志工，常看見她騎著單車在臥龍學園裡，從路口大安國小到巷尾的芳和實中穿梭。當承允進入芳和就讀後，她也進入家長會服務。「說真的，這位校長超認真。」承允媽媽聽過看過的校長不少，是第一次見到像琬茹校長這麼拚的，更難得的是願意聆聽家長的意見，只要學生或家長提出需求，若是合理，都會想辦法嘗試。因此家長們也願意回饋意見，與老師們一起實現理念。甚至晚上十點多，校長、主任都還在線上與家長討論溝通，只因為感覺到大家都是在為孩子謀求最大利益。

實驗學校的家長扮演著更重要的角色。學校與家長就像不可切割的連體關係，一同陪伴孩子往前邁進。而家長會的組織，更是學

支援外展志工的家長，利用下班時間到校聆聽說明。

校各項活動中不可或缺的應援團。例如在外展活動的路線上，可以看見穿著粉紅背心的家長們，在路口協助指引與支援，有些爸爸媽媽甚至是請假前來。而支援過外展的家長們，親眼看見活動的前前後後，學校所做的準備時，都會被老師們感動，並覺得芳和是個很友善的親師協力環境。

每位家長參加外展都會有不同的體驗，奕希媽媽回想當初七年級時，她在旁邊觀察，眼看孩子們走錯路，就很著急。還好琬茹校長一直盯著家長們，叮嚀著不要給孩子提示，只要顧到學生安全就好。那天過完，奕希媽媽覺得自己似乎也長大了。

每年開學後不久，第一次外展就會在十月啟動，為了讓家長可事先請假，家長會曾請學校要一個月前先訂出時間。學校也從善如流，不但很快地訂出外展的日子，更在學年之始，就把一年的行事曆都訂好了，讓家長更方便去做安排。

近來，九年級為了會考展開夜自習，家長的輪值也是個問題。以往大家都在學區內，可以五個家長固定週一到週五輪流，但現在是大學區，家長又都在上班，但沒想到有四十多位家長願意參加輪值，雖然無法長期支援，但偶爾排一次並不難，問題就這樣解決了，隨著活動參與率的提升，家長會也愈來愈有凝聚力。

家長互相陪伴，一起成長

家長會除了支援學校活動、擔任學校與家長間的橋梁外，還不定期為家長舉辦活動，如連續十堂的「親

家長是教育合夥人

芳和一向認為家長是實驗教育中的教育合夥人，也是實驗教育推展成功的重要支柱。學生入學前，家長的教育理念溝通與認同，以及其後的教育實際配合與協助，在在影響實驗教育的推動，是學校必須努力經營的工作。

為協助孩子生活適應與學習，加強導師與學生家長溝通聯繫，透過開學前的資料填寫與家長訪談，導師對於自己學生將有深一層的了解，再經由彼此互動中建立互信基礎，導師與家長的溝通務求緊密有效，藉由學校教育理念宣導與分享，讓家長成為孩子教育的助力。

子課程」，協助家長與青春期的孩子互動。家長們也趁此機會交換陪伴孩子的經驗，彼此學習，還吸引了外校的家長來參加。又如「親子讀書會」中，讓家長可以進一步了解孩子，也跟其他家長交換心得，就覺得不孤單了。

家長與家長之間的溝通，也可以帶給彼此安全感，並消除與學校之間的矛盾，例如之前有人提出三學期制不好，建議改成四學期制，就有其他的家長出來先提醒，既然聽了說明會，就要接受並同意學校的做法，這個話題就此打住。

說到芳和的三學期制，孩子放假時常常沒有人可以相伴，家長會也發起假期學習活動，讓家長帶著孩子一起來參加，延展學生及家長的學習觸角，與學校共構多元學習平台。為使活動舉辦更為順利，還透過學校輔導室申請「學習型家庭」、「愛．陪伴」等計畫，獲得經費的補助。

家長會也會不定期舉辦講座，像是一〇九年六月邀請了樂觀書院創辦人唐光華前來演講，唐光華人稱唐爸，是資深的實驗教育推

家長會常舉辦親職或成長活動，不但可以獲得新知，也是家長互相交流的機會。（上圖為「愛・陪伴」的活動現場，下圖為唐爸前來演講。）

動者，他應芳和家長會之邀前來分享自主學習與辦學經驗，會後他表示，除了對芳和老師們願意挑戰轉型的理想與勇氣印象深刻外，更感受到家長對於學校的信心。他認為在全校老師全心投入下，孩子們成長得健康而有自信，有優異的合作與表達能力，平日雖然沒有分數排名競爭，但各學科的學習都很認真，甚至連最難的數學都沒有學生放棄，當家長目睹孩子的進步，自然信心越來越強。唐爸對校方的肯定、對家長的鼓勵，對於芳和而言，可以說是一份珍貴的禮物。

國中只有三年，要與學校達成良好溝通不

簡單，需要經驗與方法。家長會一屆屆更迭，很多經驗與文件需要被傳承，每次活動後，都會有檢討和紀錄，希望下一屆可以辦得更好。此外，雖然家長們位於四面八方，但數位資訊能力都非常好，在會務推動與溝通上只需要透過網路就可以聯繫，非常有效率。而在表達家長意見時，家長會也利用線上表單進行調查，接著把投票數據整理好，如此當學校知道這是大部分家長的期望，才能放心去執行。

家長會還會舉辦一些鼓勵孩子，或替孩子考試祈福的活動，甚至有些家長熱心到校演講，與學生分享自己的工作與專業，讓孩子們提前認識社會的面貌。也有家長為凝聚班上的感情，出面主辦露營活動，讓師生與家長共度一晚，更認識彼此，也加強了情感的連結，真的讓班級成為大家庭。

芳和的家長們感情很好，常彼此鼓勵，因為每一屆入學的名額非常少，能進來的學生與家長之間，真是很難得的緣分，大家都在珍惜這份緣分的默契下，期望能一起打造更好的實驗教育環境。

家長也是孩子的最佳後援

晨瑋媽媽是因為想更多加了解學校實驗教育，以及多觀察自己的小孩，才加入家長會。因為常進來學校開會或參加課程講座，沒想到連同學們也都認識她，她也藉此機會看見學生間的互動，對孩子在學校的狀況更加放心。

可以看出晨瑋媽媽很主動的關注孩子，事實上在晨瑋三年的成長中，除了學校的教育方式外，家長的支援角色也功不可沒。課業一直不是晨瑋的強項，由於喜愛運動，覺得芳和應該是一個能讓他開心的環境，也可以培養出更好的人格。因此父母與他討論後，他自己選擇了芳和。

由於小學時參加過太鼓隊，當媽媽知道芳和的鼓隊在招生時，鼓勵他去試試，但晨瑋當下並不情願，因為他不喜歡主動去接觸陌生環境。此時媽媽跟他說：「學習一項事物，若沒有重要的原因就中斷很可惜，若不去試，就不知道這個樂器可以帶給你什麼。」晨瑋媽媽心中希望能藉著鼓隊讓晨瑋可以交到更多朋友，甚至可以藉由打鼓抒發情緒，「而且現在學校的鼓隊需要人，你有基礎，應該要站出來，而不是只考慮到自己喜不喜歡。」

於是，晨瑋去了鼓隊，回家後非常興奮的跟媽媽描述：學校的鼓隊是多專業，學長姐技術好厲害……當然他也成為鼓隊的一員。隔年，鼓隊學長姐畢業，鼓隊只剩下兩三位成員，晨瑋很擔心，主動到處去找人加入，還教大家打鼓。讓芳和的鼓隊度過了隊員斷層的危機，可以順利傳承下去。

而在晨瑋忽略課業時，媽媽也不會勉強他，只提點他，「當初這個學校是你自己選的，你要跟著學校的進度走。」媽媽理解芳和的教育理念是希望學生能自律負責，而晨瑋也沒有讓父母失望。

現在，晨瑋媽媽感受到孩子比較願意主動去接觸、了解外界的事物。以前都只有大人講給他聽，現在他會願意跟父母分享學校發生的事情。而趁著分享的機會，父母會給予一些引導，讓他慢慢吸收。現在他跟朋友間的關係也越來越好，假日跟朋友去打籃球、約著去逛書店，會安排自己的時間。

當孩子在實驗教育的體系中成長時，若家長能一起陪伴，並且適時給予指導，學習的效果會更好，成長也會更快。這也是芳和之所以在學生入學前，要求家長參加說明會與晤談的原因。

家長的角色與責任

因實驗教育之課程，需要學生自行蒐集相關資料、閱讀資料、檢索訊息，形成自我之知識系統，家長需要全力支持學生學習，並願意放手讓孩子自我嘗試，突破舒適圈。因此家長必須能參與學校各項說明活動，成為學校最佳合夥人與學生學習之精神支柱；除此之外，建議家長多閱讀相關實驗教育資訊，理解實驗教育的優缺點，隨時檢核自己的教育價值觀，調適心理準備狀況，耐心等待孩子的成長。

PART

3

展現的風貌，令人驚喜與感動

透過三年來的探索、規劃與實踐，
這場遠征的目的是構築一個實驗教育的場域，
在循環中，建立了現在的芳和實中，展現了學習的新風貌。

基本學科，也能翻轉多變化！

芳和的一天通常開始在早上七點五十分，由風雨無阻的晨運揭開序幕，八點三十分開始第一堂課，上午四節，下午三節，然後在三點半下課。若巡走在走廊間，會發現教室內常見提問討論、動手實作、發表報告等學習模式；若待上一天，耳邊最常出現的大概會是搬動桌椅的聲響，因為分組作業已經是芳和的常態。

學校中除探索課程外，仍有一半的課程是教育部所規定，包含國英語文、數學、社會、自然等四大領域，一週十八節。畢竟學生仍然必須面對會考的任務，但因為課程多半跨領域連結之故，授課老師必須盤點三年課程，將性質或概念相近的內容整合集中教授；也需要搭配特色課程的議題，提供知識與能力的補強，因此需要做課程順序的調整。

在核心課程方面，看起來是部定課程，但學生的收穫卻迥然不同。這也是教育實驗的一個區塊，讓芳和的學科課堂充滿著活力。現在來一窺各科目的課堂樣貌，將會發現實驗教育不僅只有專題和適性等課程，探索式學習也可以置入一般學科，使學生在學習知識、培養學力之外，也能養成能力。

參與式數學，不會也不會放棄

身為實驗教育第一屆導師的舒茹，教了二十多年的數學，對於學生不愛數學這件事，早已經習慣。但轉型實驗教育後，她最深刻的感受是學生不會放棄數學了，不再有那種進到教室，就像客人般沒事的坐著，或者打瞌睡的情景出現。

改制之前，她的數學課大部分是以講述為主；但也會利用活動或變化性的教學，來提升學習動機，但學生的反應還是「不會就是不會」。學校剛開始準備轉型時，「什麼是實驗教育中的數學課？」是她心中的疑問。後來發現，國外探索式學習是讓孩子自己去說明，或者自己去發現，因此在課程的設計上，會著重如何能引導學生去發想。於是以這樣的概念與其他的數學老師討論共備，漸漸發展出參與式的數學課。

改制後，數學不用趕進度，比較有空間讓學生在課堂上有更多參與感，花更多時間讓學生去發現數學概念，再引導他們聚焦重點。透過活動設計，學生不是只坐在下面聽講，而是在引導下，利用類比、歸納、觀察出規則，成功找到答案，數學課已經不像數學課。

采邑老師是芳和的新血教師，一進來就接手實驗教育的班級，她開始時教十字交乘法之前，會先設計一些題目讓學生去嘗試解題，從有數字的直式乘法開始，一直到有未知數的直式乘法，學生很像在玩猜謎般去湊數字，接著會慢慢開始發現：為何48不能拆成24和

2，而要拆成6和8？

學生程度也會有差距，有的人可以自己填完，有的人則不知道怎麼寫，這時就可以透過小組合作，兩兩一組，互相幫忙。事實上，老師至此時還沒有教十字交乘法，但他們可以把十字交乘的題目填答完。接著老師才做後設引導，告訴他們為何選的是6和8，再幫學生聚焦重點，最後才告訴他們這個方法就是十字交乘。

將核心課程重新統整規劃

核心課程以部定必修課程為主，包含語文（國文、英語）、數學、社會、自然等四大領域課程，一週18節、開設3年，作為培養基礎能力的「核心」課程。

各領域依據學科特性，制訂實驗方向，教師除講述、提問、引導外，大量運用現象觀察、文本閱讀、動手實作、分組協作、討論發表、行動學習等策略，活化與深化課堂學習，促使學生學習各領域知識與核心能力。

國文、英語、數學等工具學科也佐以診斷性測驗工具，與師大心測中心之「適性自主學習暨學習歷程資料庫」計畫合作，透過適性化派題、檢測的歷程，更細緻掌握學生個別學習進程與科學化數據分析，以做為教學設計調整及學生自主學習的依據。

數學課通常以小組討論解題作為開場，
老師會設計各種方式讓學生願意參與。

運用設計情境讓學生參與並發現概念後，常聽到孩子訝異地說，「誒！我會寫耶！」偶爾會有同學在聯絡簿上寫著：「今天數學課中有一兩個活動，我覺得很有趣。」或者「我真的很討厭數學，但今天這個活動我真的很喜歡，突然覺得自己好像會數學了。」這些回饋是老師心中最大的安慰。

舒茹老師覺得課堂上的分組討論功效也很大。在討論時，講的人會因此釐清自己的概念或想法，聆聽的同學會提出看法，讓真理越辯越明。若辯論不分上下時，就一起去找老師詢問。透過討論，學生會清楚哪裡講對、哪裡講錯，真正內化為屬於自己的知識；也養成不怕問，更樂意解答的習慣，直到現在準備會考時，也會自動找同學討論。

目前超過三分之一的數學課有特別設計，其中以七、八年級的課程較多。其他的內容反而用講述的更容易懂，畢竟本來就是一門學科，大多數時間還是會回到數學的情境，不一定所有東西都要用糖衣去包。其他像是閱讀理解的單元，則以跑桌的方式讓學生自己

去說明、去釐清，老師只在最後拋出問題，檢查他們是否真的理解。

數學課的學習目標可分為兩部分，一是能將概念釐清，看到題目時，能想出解題的策略與方法。二是要學會數學的原理與公式，並能完成計算。目前數學這一科較難以用作品呈現出學習的好壞，大部分還是用紙筆測驗來考試；此外，數學是一個工具，拿到生活中應用，還是必須懂得如何正確計算。因此，計算能力很重要。

雖然這樣學習數學很快樂，但要面對會考這件事，讓學生與家長都很緊張。老師們覺得學校的課程都設計得不錯，但也一直想辦法將能力轉移到會考上呈現。例如讓他們嘗試畫心智圖、寫題本，或者教學生一些訂正的方法。

當然也有失敗案例，例如曾經設計過關於數學歷史的閱讀，想要讓學生們藉由整理歷史脈絡，認同正負符號的存在。結果學生們連重點都摘要不出來，老師們只好又退回來反思。仔細研究這份作業後，發現似乎傾向養成閱讀能力，並不是數學能力。也曾讓學生去搜尋畢達哥拉斯的生平、畫圖像，但畫得很好是美術的能力，最後還是用紙筆測驗計算出答案，才能判定數學能力。

國文課，讓文字意境都成真

二班的士晴為了製作學習歷程檔案，請媽媽幫她把檔案印出來，士晴媽媽這才發現女兒的國中作品如此豐富，印象最深刻的是國文課上到〈陋室銘〉，作業竟然是蓋出一間陋室，她覺得「這樣的國文課超棒的」。

「蓋一間陋室」是八年級孟歆老師國文課的作業，讓學生做出自己想中的陋室，並且用小篆寫一句座右銘貼上，透過手作，將課文所描述的內容具象化，再經過思考，讓學生觸類旁通，對文字了解更深刻。

國文課在芳和不用死背，甚至不用拿課本出來，這是學生們喜愛國文課的原因。從七年級開始，老師在課堂上就訓練學生「文轉圖」的能力。例如學完一首唐詩，必須把詩中的意境畫出來，用圖片表達文字的意思。

畢竟背好課文有可能考高分，但真實的世界中，語文的功能是溝通，所以在芳和的國文課中，想要培養學生，將課文中學到的知識，用不同的方式或媒介做轉換，甚至理解更深層的寓意。

實驗教育帶來的彈性使國文課更加多元發展，老師不用趕著把整本課本教完，所以從課程計畫開始，重新組織課程順序，排出時間帶提問與討論，並做多元評量。

雅旻老師班上同學的作品也令人驚艷，她在教八年級徐志摩〈我所知道的康橋〉時，要學生們

學科的補救

實驗教育的孩子成績雙峰化滿明顯的，學校須設法協助成績低端的同學。教務處會尋求公部門的資源，如利用教育部的計畫，找到適合的老師，將數學成績比較中下的學生抽離，重新打好基礎再回到原班。或者利用教育局「大學生攜手陪讀計畫」，一次可以抽離出一至兩個孩子，請大學生來輔導他們，以補救學科上的差距。

上圖：學生在國文課所製作的陋室模型，讓古文具像化呈現在眼前。
下圖：將徐志摩筆下的康橋，以秀拉點描繪出圖像，然後製成杯墊，做完後，這篇文章應該深印腦海。

讀完課文後，畫出劍橋的地圖。再選一句課文，先做出文轉圖，再以秀拉點描，繪出屬於自己的杯墊。

此外，老師們也很常讓學生模仿課文中的敘述去實作，如〈賣油翁〉一文，文中提到「……葫蘆置於地，以錢覆其口，徐以杓酌油瀝之，自錢孔入，而錢不溼……」課堂上老師就把銅錢放在寶特瓶上，讓學生們親自去操作裝油的過程。如此，學生們除理解了文字中的描述，也能體會到何謂熟能生巧。

問學生們對國文課印象最深刻的是什麼？他們不約而同地說是自己製作桌遊。國文老師帶著大家做過兩次桌遊。第一次是七年級第二學期時，在跨領域的主題課程中，這學期剛好由國文領域老師主授，就帶著同學將之前的研究以桌遊形式呈現，展現出社區的路線、

手工製作的桌遊，從規則、牌卡至棋子，都符合高品質的產出，
三國時代對孩子們的意義自此不同。

看過的風景等等。

為了完成設計桌遊的作業，老師先帶他們玩了一次正式的桌遊，然後利用設計思考的方法做討論，提出「若自己是使用者，會從桌遊中體驗到什麼？」、「一個好的桌遊必備那些要素？」等等問題。希望他們不僅僅做出桌遊，未來還可以運用這次學到的經驗與方法。完成後，四個班還交換桌遊，彼此觀摩與學習。

觀摩也是一種重要的學習，他們看著別人的作品，發現「原來可以用這個材質」、「原來棋子不用買現成的」，激發他們不服輸的精神，更加卯足全力去表現。

上圖：課堂上的布置，讓學生自然而然進入英語的情境。
下圖：以英文說明臺灣文化，並且與國外友人分享。

第二次的桌遊是八年級在孟歆老師的國文課中，以三國時代為背景設計遊戲。雅旻老師仍記得看見作品當下的感受，看得出他們開始知道什麼叫做高期待，並自我要求作出高品質的產出，桌遊的內容與課文的契合度非常高，作品也很精緻。她並發現學生們顯現學習遷移的現象，例如把七年級做三折頁的經驗運用在八年級的桌遊上。

國文課十分重視結合或產出，這些作業都是屬於國文多元評量的一部分，有些同學國文紙筆測驗成績很好，但手作能力差，怎麼辦？不用擔心，同學們還是會想辦法用其他的方式呈現。因為老師要求的並不是美觀，而是希望藉此讓孩子們知道：原來可以用另一種方式去思考與表達。

英語課，把英文運用到生活中

走進三樓的國際文化教室，周邊布置了各國的旗幟、與國際友人的來往書信、曾經討論過的國際主題等等，令人感受到地球村氛圍。

而英語課，就變成為了跟外國人交朋友，所以要學習可以溝通的語言，而非僅僅是文法單字而已。

雖然第一屆的學生，三年是由不同的英語老師任教，但卻有共同的學習目標，即讓學生在生活中能夠應用英文，並利用國際語言去認識世界文化。

在七、八年級的課堂上，老師們會透過與國際友人合作，讓學生使用英文去溝通，並且認識不同文化與反思。例如與韓國交換文化箱，從箱中的韓服摺紙、彩繪扇子的作品或拌飯、住宅照片中認識韓國文化；與日本學童互寄明信片，了解年賀狀在日本傳統中的意義。

妍慧老師還特別安排國

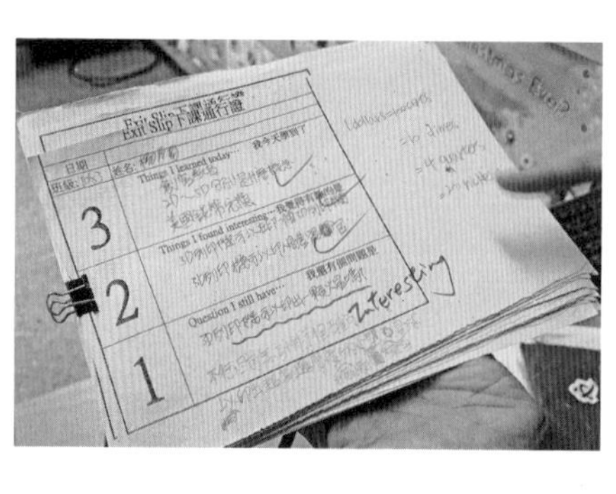

為了回答下課通行證上的問題，上課不但要聽講，還要好好思考。

外友人與學生視訊，芳和的同學在視訊中現場解說並製作珍珠奶茶，或者寫春聯給外國朋友看……讓學生在真實的情境中使用英語來溝通。在這些互動課程中，老師們發現，即使是不喜歡英文的學生，都還是願意參與活動，令人感到意外。

英文作業也不刻板，疫情期間，響應以色列老師發起的「世界青少年共編新冠肺炎線上雜誌」，用英文介紹疫情中的校園，並獲選編入電子雜誌；或是把英文運用在生活中，做出實用的物品，像是用英文寫出天氣與星期的小擺飾，如此學生就會對英文課有所期待。

在體制內的英語教學，只專注於語言的學習，轉型後，在進行每一課時，除了思考內容目標、語言目標外，還會思考文化目標，甚至用手作的方式去完成，如如亡靈節的議題，就結合剪紙，使英文教學走向content and language integrative learning。

而學生想要下課沒有那麼簡單，在秋霞老師的課堂中，要寫完一張「下課通行證」才能放行。每上完一個主題，同學們就要在下課通行證的表單上面，寫下三個這次學習到的重點，若回答的好，就會

利用平板電腦和大螢幕教學，學生與老師都可以立刻知道學習結果，
也讓學生覺得有趣而更樂於投入。

加分在小考成績上。

才剛到任的妍霓老師就接下九年級的英文課，而為了幫同學做好會考的準備，她必須將教學重點偏向學科本身，尤其是單字與文法的基礎。並利用平板軟體或學習網站可以即時回饋的功能，練習拼字，並分享各類線上資源讓他們去自主學習。她認為在英語課中，適度運用3C工具，教學效率能顯著提升，例如使用平板電腦來答題，一方面學生會更有興趣，另一方面老師可以立刻知道全部學生的學習狀況。

在文法教學上也與傳統方式不同，而是以真實語言回推規則，先讓學生理解歸納，最後才回到課本的文法內容。

有趣的是老師發現芳和的學生很愛說話，所以常多安排分組討論，讓他們發揮。老師不但會給予課外的新聞資料，讓同學知曉國內外的議題，也會吸收同學們間的話題，當作語法教學的案例。

九年級最大的挑戰是讓多元教學與準備會考之間產生平衡，但上課時間有限，需要反覆練習的內容，就需要靠學生自學，不過，並不是每個孩子都可以達成。尤其是中後階段的學生，很難會自己去做刻意練習。所幸模擬考後，越來越多同學開始動起來。

社會領域，多元評量大本營

社會領域包括歷史、地理與公民三個科目，社會領域的老師大多非常年輕，而且是近年才來芳和任教，而接觸到實驗教育。由於「專題探索課程」修正為單一領域主授，七年級的部分就由社會領域的老師們擔綱，因此，他們不但要在部定的核心課程上發揮外，也要帶領專題探索的發展與執行。

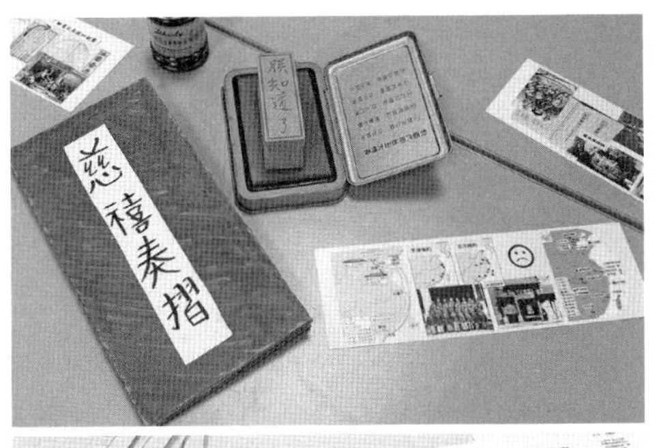

歷史作業是一封來自清朝的信，同學需解題，並提出建言，以幫助時空另一端的人，老師看完後，會蓋上「朕知道了」的圖章。也有同學做出真正的奏摺式樣，非常有創意。

這幾位老師思維活潑，除了在課堂把握住探索式學習的要點，翻轉教學方式外，他們以提問代替講述，創造更多機會讓學生上台表達，將課本的內容與生活結合，使得社會科的課堂就像是一個小世界。

教到區域地理，不再像以前老師講述、學生畫重點，而是讓學生們扮演起縣市政府的行銷人員，從搜集資料開始，發表該地的特色、旅遊的勝地，碧珍老師會刻意將作業搭配較長的假期，讓同學們也可以藉做作業，來一趟輕旅行。

歷史的多元評量則變化多端，例如為訓練學習資料統整的能力，則請學生們幫古代官員們製作Instagram個人頁面，要放上照片、加上簡歷，整理出生平時間軸。欣憓老師利用學生們熟悉的流行事物作為學習工具，更能引發學生興趣，做起來便津津有味。

雅柔老師來芳和後，才知道學校即將轉型，當時覺得學校應該會更多元，透過共備、研習以及與其他老師討論交流，也漸漸學習了新的教學方式。她藉由小說《解憂雜貨店》的架構，讓同學們收到一封來自晚清的求救信。學生得先看圖片，判斷是發生什麼事，然後分析當時的情勢、威脅、機會等，最後提出一個解決問題的策略，寫一封給皇帝的奏摺，老師閱讀後，還會在作業上蓋上「朕知道了」的圖章，更添趣味。透過這個評量可以看出學生是否理解課文的內容，並且懂得分析、思考，並提出解決問題的方案。其中對因果關係的分析，則是給分重點。

老師們不希望學生對史地只是背好關鍵字，輕鬆地做選擇題，而是要懂得梳理歷史地理中的來龍去脈，培養思維能力。

庭歡老師是唯一的公民老師，她的課常常都與時事或議題結合，例如性別議題熱燒時，就請學生製作破除性別議題的海報，不但由

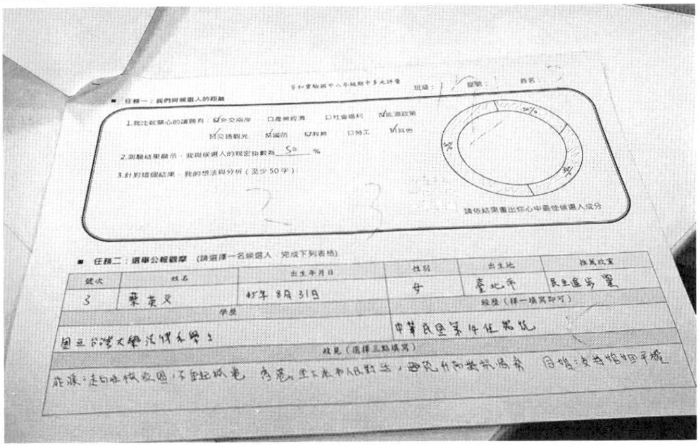

上圖：地理課結合旅遊資訊，不再是講述為主的課程。

下圖：公民課結合選舉，讓國中生就提前體驗民主的過程。

老師評分，還公開展示，由學生自己給分。

而若逢選舉，也會讓學生體驗民主投票的歷程，讓學生扮演參選人。老師先請同學回去搜集資料做準備，下次在課堂上寫出政見。接著領參選申請表格，然後填寫、抽號碼，一切跟真的一樣。表格上出生年月日的空格是個小陷阱，學生必須填寫足以參選的年齡。最重要的是在政見欄，要寫出具體明確的政見，還要符合參選對象的職權。若還有時間，老師會做出選舉公報與選票，讓學生蓋章投票，走一次選舉的完整流程。這一堂課中完成的不僅是作業，更培養了民主參與的

生物課上大家都能熟練地使用顯微鏡，
考試時也會用跑台的方式進行。

素養。

每一科每一學年都會有一次多元評量，通常都在一週內要做完，並且佔段考的成績。而且很多沒考到的概念，還會以紙筆測驗的方式，在段考中再測試。因此，外人看起來有趣的多元評量，其實對學生是更大的考驗，所以老師們也不會太頻繁操作，而是不同的學科去輪流。從社會科的教學與作業中，可以發現芳和看起來沒有什麼升學壓力，但學生卻要花更多的心力去達成學習目標。

生物理化，著重實驗跑台

瑜珊老師之前在高雄教書，那時上課寫板書、學生抄筆記，偶爾搭配投影片。因為要趕進度，也很少帶同學做實驗。但一來到芳和，不但擔任第一屆班導，並解放了生物課的教學方式。

首先，學生可以在老師所架設的網站上，先預習內容。上課時會分組，課堂上看影片、穿插討論或角色扮演，老師不再開門見山的講

述課本。例如講到內分泌時，會請學生扮演醫生與病人，病人訴說身體的狀況，醫生就針對狀況診斷，盡量希望他們學習的東西可應用於生活。

因為學校的顯微鏡數量夠，大家都有機會學習與練習，七年級段考時就採用過跑台的方式。也會嘗試跨領域的結合，例如中階外展會去陽明山，但當下通常沒有機會去好好認識陽明山的生態，於是多元評量作業就以陽明山的生態環境為主題，請他們製作三折頁的導覽手冊，與美術老師聯手指導美編設計部分，學生交來的作品，圖文並茂，且附有動線地圖等資料。由於完成度高，老師決定讓他們透過公開票選，由學生們互相打分數，第二年，竟然成為全校性的競賽，倒是始料未及。而且最後經由師生網路票選出的兩件最高票作品，還印製給全體學生，成為外展的行前導讀資料。

第一屆實驗教育的學生升上九年級後，理化課由韶鈴老師任教，她發現最好的授課流程是：第一節課由老師開場先講一些基本理論，並指出方向，第二節課再由學生去做實驗，去發現實驗與理論之間的關聯並驗證，第三節課再由老師收尾。

除了動手做實驗外，她也讓孩子們結合不同的表現方式，來呈現自然科的學習結果，如教天文學時讓他們寫詩，學生會用網路上有限的句子，如太陽月亮無法相見。或者讓他們自己想一個實驗，證明牛頓第二定律，並且製作成一分鐘的影片，交作業的達成率有九成以上。學生們不但有能力自己企畫實驗，並且能拍攝、能剪輯影片，還會上字幕。可以看出這些孩子即使面臨嚴峻的挑戰，也能調整自己存活下去；能將七、八年級學到的能力整合運用至此，這些絕不是理化成績好，就可以擁有的能力。

國立政治大學教育學系教授詹志禹，從芳和的計畫審查、優質學校評選至實驗教育評鑑，都擔任評審委員，可以說是看著芳和一路成長。他認為實驗教育的困難之一是在國英數等學科的活化，但他看到芳和將探索式教育的精神注入基本學科，且嘗試連結主題課程，應該是找到了正確的方向。雖然實驗教育至今還沒有答案，但他期待芳和可以做出一些典範，因為這裡有著這麼多有理念的老師，為研習共備帶來創新的議題，以及更廣泛的討論，相信一定能有所突破，並有助於臺灣教育界的未來。

學生的樣貌，就像那學生圖像！

「當孩子一步一步的挑戰自我，不管是在學科的學習，或外展的高強度體能冒險，當他們跨出舒適圈，去突破自己的慣性做嘗試時，所透露出的那種自信眼神，是我們對孩子最深的期盼。」琬茹校長在說明會中描述著對芳和學生的期許，這也是芳和實驗教育希望能養成的孩子模樣。

若轉而問起學生們「你們覺得在芳和兩年多，學到了什麼？」三班的恩希很快地就回答：「我要開始來背學生圖像囉。」隨後竟毫不吃力的就把四種能力說了出來，包括：「自律負責」、「創新探索」、

「傾聽合作」、「感恩服務」，看來芳和學生對圖像能琅琅上口的說法是真的。恩希還指出學生圖像這樣設定，就代表所有課程設計都是帶著學生往那個方向去走，學校給了學生這些學習，但最終是自己有沒有辦法把學到的變成自己的。她覺得自律應該是大部分人都有學到一件事。但對她最有幫助的是「創新探索」，因為學到了各種的研究方法，也發現可以在不同的課程中找到各種增進自己的方式。

恩希說的沒錯，這四個圖像中提到的四種能力，其實也是芳和所強調的品格教育，都貫穿在各種課程與評量當中。

原來合作力量大

一班的導師阿勝說，經過兩年的學習後，可以發現班上表現良好的學生，真的有如學生圖像中的典範，他們又比同儕有更高的獨立性，能自我思考、自主行動，跟同學互動良好，上台發表的能力也都很優秀。雖然孩子的表現會與家庭有關，但學校給予的引導，的確在山野活動的歷程中，孩子們都發現了合作的重要，以及服務他人的喜悅。

影響到學生展現出來的特質。

即使不是每位同學都全面向的符合學生圖像，但大部分的學生在進入芳和後，都會在某些能力上有所進步，而且因為習慣了反思，也很清楚自己的改變。

四班的柏旻，是個非常主動表達意見與想法的孩子，他說自己以前很容易打斷別人說話，每次開會時都會反對別人的意見，甚至一言不合就離開，他形容自己是一個「控制慾」很強的人，所以都沒有人喜歡跟他合作。進入芳和跟同學互動後，沒想到同學們主動告訴他，「你不大願意聽別人的意見」、「你討論期間過於激動」等行為。他才知道，原來這是不好的事情呀！於是開始學習去聆聽與尊重別人的意見。現在與同學們的相處，變得融洽許多，連媽媽都發現了他的改變。

三班的奕希則說他在芳和看見了團隊合作的重要性，因為學校所有事情都要團隊合作，唯有合作才能讓事情更順利。但從奕希身上，則看見更多品格的展現。像是學校開放由學生自主創立社團，他發現因為創社門檻高，大家都紛紛放棄時，卻挺身而出想要創立桌遊

社，拿了報名表閱讀後，才覺得真的是不簡單，但還是利用中午時間，一天填寫一點，並在同學的協助下，填寫完報名表。接下來的難關是要找到十二位同學成為創社會員，他跑完每個班級都還湊不足人數，於是就提早到校，站在同學們必經的穿堂樓梯附近，每有同學經過就詢問。同班的恩希見此，也去拜託各班老師幫忙宣傳，終於成功創立了桌遊社，目前已經有將近三十名社員。

許多參與高階外展登百岳的同學們，更體驗了互助合作的重要性，二班的凱亦記得，七年級登雪山前一天還發燒，雖然翌日退燒，以為身體恢復健康，但沒想到上山後，由於高度的關係，又開始嘔吐不舒服，萬萬沒想到同伴都過來關心他，還幫他背裝備。「那些同學平時在學校也沒有很熟，更不可能對他這麼好，沒想到在危難時，大家都毫不考慮就伸出援手。」後來，有了多次登百岳的經驗，體能也增長，當他升九年級去爬合歡山時，不但幫同伴背行李，還牽扶校長上山，他發現「有能力幫助別人的感覺真好」。

這件事也讓詹志禹教授印象深刻，當他看見外展影片中，校長跟學生一起去爬山，校長爬不動了，學生還回頭來關心時，覺得學生的助人勇氣與關懷心，十分難得可貴。這正說明芳和希望孩子們能養成的特質，自然地呈現在行為舉止之間，並讓他人也能明顯的感受到。

懂得堅持不放棄

此外，奕希很喜歡數學，之前申請「國立臺灣科學教育館青少年跨域整合人才培育計畫」時，需要老師寫推薦函，數學老師采邑是這樣寫的：「他是一個對事物充滿好奇心的孩子，只要他一旦想要了解，就會追著你跑，即使你到世界盡頭。」

學生圖像的構成

由各領域教師對學生的期許及學生端的自我期許等兩大部分的資料進行彙整，再參照《與成功有約》(The 7 Habits of Highly Effective People,Stephen R. Covey,1989)一書的「七個習慣」，及本校的課程核心價值，訂出「自律負責、創新探索、傾聽合作、感恩服務」四個面向，前兩項屬「成就品格」，後兩項為「關係品格」。並透過各項「學習遠征」課程及評量準則之實踐，逐步達成實驗教育之理想與願景。

這項計畫全國共錄取五十六位學生，且大部分是高中生，芳和就通過了九位同學，可惜後來因為疫情關係，整個計畫延宕到九年級才展開，有些同學因為要準備會考只好放棄。因為參加者要配合組內高中生，常常晚上十點才開會，又要用假日時間，去做場勘等工作，對於國中生而言，是很大的負擔，但在家人支持下，他依然堅持著。

透過訓練與機會，芳和的學生幾乎都能上台表達自己的想法。

三班的得靈是家中的長女，從小父母的教育方法就很自由，但小學時有老師可依賴，老師說什麼她就做什麼，沒想到來到芳和，老師更放手讓大家自己做決定，於是她「被迫」學會自律，因為「若不自律，生活就會變得很散漫」。她也曾經讓自己隨性而為，但沒多久就很緊張心虛，於是就覺得一定要訂下規則，安排好讀書學習的時間。這樣自覺的反應，其實是學校所期待的，唯有透過自己的體驗與思考，才能真正的埋入自律自主的基因。

家長們更能觀察到孩子的改變，四班的承允從前對於突破框架這部分的要求，比較難以適應。但沒想到後來遇到從未做過的事情時，承允會跟媽媽說：「學校鼓勵我們要多嘗試。」八年級時，他就因為這句話而挑戰自己，去參加了校內的語文比賽。承允媽媽說：「這在以前都是不可能的。」唯有在芳和才可能發生吧。在芳和，學生只要願意去挑戰自己的弱項，就值得給予機會，不一定要表現很好才能去比賽；也不會給參加比賽的同學得名的壓力。

承允前陣子還到臺北市教育博覽會的攤位上，與媽媽一起分享

學校提供各種資源與課程安排，加上三點半下課後有充足時間，所以只要願意，學生們就可以充分發展興趣，找到自己未來的志向。

在芳和的成長經驗，一點也看不出來緊張或害怕。對於承允這樣一個結構性強的孩子，芳和強調的紀律，更加強他把自律學習這部分做得很好，而且看起來是把學生圖像放在心裡面，並身體力行。

適性發揮所長

由於芳和的學生人數少，老師們可以針對孩子做非常細緻的追蹤，並給予建議與幫助。阿勝老師表示，即使不是表現前段的學生，回頭看他們兩年來的成長與進步，其實也非常明顯。

這種進步來自於老師願意也有能力給予建議，以一班而言，未來出路非常多元，除了升高中之外，還有想考美術班的、有想念戲曲學校的，還有要去日本踢足球的選手……同學們對於會考也十分重視，在九年級開始時，都主動努力用功了起來。

以往在老芳和帶班時，並沒有期待在國中生身上看出未來的發展方向，但在實驗教育下，他們在國中就展現出這麼多的可能性。

而且，芳和的家長心態都很健康開放，從不覺得孩子去參加技藝班，會被貼上功課不好的標籤。甚至班上排名前面的學生也會去嘗試體驗不同的領域，像冠辰是一班的學霸，但因為喜歡電路設計，選擇去松山工農的電機科學習，雖然發現電機與自己想像的不同，他不是那麼有興趣，但至少提早認識與理解，也是一種幫助。

喜歡畫畫的士晴，因為住在學區內，家長心想就讓她念最近的學校，因此成為芳和的學生。平日感覺文靜的她，喜歡畫圖，因為和同學到景文上了設計方面的技藝學程，因此確認自己未來想走美術設計這條路，鎖定公立高職的相關科別，設立目標後，就自動自發的認真準備會考。以往她可能不會有這樣的主見，但現在她發現自己的態度不同，她不再慵懶耍廢，如果功課上有不懂的地方，也都會去想辦法問清楚。她說：「不知道自己為何會變這樣。」但答案很簡單，她只是在薰陶中，更接近了芳和的學生圖像。

粉紅色團體服的意義

團體服以粉紅色為主色系，一來是為搭配學校標誌，二來是呼應世界反霸凌活動起源「粉紅色T恤日」的意涵；在芳和這個鼓勵學生不分性別、追求自我挑戰與實現的環境中，粉紅色團體服是很清晰醒目的辨識系統。

立軒也是學區生，由於在讀寫上有困難，家長並不在意成績，只希望讓她有能力自理，有更好的適應力。上國中時，知道芳和要轉型，但對於立軒家而言，仍是以平常心來面對。進入非典型的教育體制後，她必須試著用不同的方式去表達，不能默默坐在台下。為了在學習慶典中上台分享，媽媽陪著她練習，從一開始的三十秒，練習到可以講足八分鐘，絲毫沒有放棄。經過這兩年的嘗試，她認知自己有潛力，可以達成以往覺得不可能的目標。

而立軒在去上開平餐飲學校的技藝學程後，就決定國中畢業選擇去唸開平餐飲，並且已經完成手續。受限特殊生的狀況，她在芳和或許無法全面發展，但芳和的教育讓他擁有選擇的機會，或許下一個揚名國際的甜點師就是她。

13

晨運竟是一場競技遊戲！

如果問芳和的體育老師，「你覺得轉型實驗教育，在教學上是否有什麼改變？」

老師們的答案會是「沒有。」乍聽下答案似乎不如預期，但疑惑很快就被解答。原來芳和的體育課在九年一貫課程時，就徹底轉型，以增加學生體適能、培養自主運動習慣為目標，而且一直跑在前面，無論是實驗教育或十二年國教都可以輕鬆面對。

技術能力不是唯一，找出自己可以發揮之處

體育組表示在國中階段，各校的體育課可以分成兩大類型，一種是活動歸活動，上課歸上課，屬於菁英式的教育。譬如說學校透過舉辦校內田徑賽時，選拔優秀的學生加入校隊，去參加校外比賽。

但芳和的體育老師們希望上課的內容結合活動，並能普及到每個學生身上，走全民體育的路線，也就是另外一種類型的體育課。

因此，比賽會從班內小組競賽開始，提升到全校運動會。為了讓全校運動會有更多人參與，則必須改變比賽規格與規則，例如大隊接力全班都要參加，而不是只有厲害的人參加。當學校運動會是所有人都需要參加時，影響的範圍就擴大，也就更能全面提升學生的體育能力。

資深體育老師林坤曉表示，九年一貫開始後，芳和的體育課就與學校活動緊密結合。包括校慶運動會、球賽等。因此大部分體育課中的教學內容，都是為準備接下來的活動來訓練學生。轉型為實驗教育時，可以直接套用，如外展活動的行前訓練最為明顯。唯一面臨的挑戰是學生的特質非常不一樣，實驗教育的學生不太願意接受制芳和的跑道是屬於所有人的，每個人都有為團體貢獻的機會，不放棄不逃避，使每個人的體能都愈來愈好。

式的訓練，除非打算花長時間去說服。

若學生不想上體育課，以前老師們會用權威來強迫參與。但在實驗教育中則設計了晨運，用團隊的力量促使他們參加，而且體育課的素養教育，不止是技術，也不止於參與活動而已，而是會有更多參與的心得、反思與回饋。舉辦運動會時，若學生的體能不足以參與運動項目也沒關係，可以協助報導記錄同學們的比賽活動，變成一個體育記者的角色，只要盡力找出自己可以參與和發揮的空間即可，而不是一味拒絕與排斥，當個旁觀者而已。

讓全校師生都重視晨運

晨運在芳和，並不是因實驗教育而生，以前就推動過晨運，但因為沒有足夠的理由去支持，所以推行上並不順利。後來實驗教育帶來了外展活動作為支撐，於是以完成外展為目的，利用晨運訓練體力與技能。

轉型後的晨運之所以能順利運作，主要是學校以探索式學習為典範，大量融入外展冒險的活動，拓展學生視野和挑戰不熟悉的領域，以開發潛能，這項理念是所有老師的共識。因此，學科的老師開始認同體能的重要性，以及長期訓練的必要性，晨運於是成為實驗教育重要的一環，並受到重視。

七與八年級每一週各有兩天，在七點五十至八點二十五分的早自習時間，進行晨運，並漸漸養成規律的運動習慣。在一般的國中裡不大可能看見這樣的情景，因為早自習多是用來讀書；但在芳和，老師們因為外展而對晨運有高度支持。不久，他們發現晨運真的能有助於其他學科的學習。

除了外展的需求外，晨運計畫也有理論基礎，即「零時體育計畫」（Zero Hour PE）。這是來自美國芝加哥的內帕維市203學區的實驗結果，顯示學生在每天第一堂課之前，也就是所謂「零時」，多上一堂體育課，學生成績開始明顯提升。這樣的結果在芳和也被印證，學生在專注力上提升，並且很少看見上課打瞌睡的疲倦現象。此外，據說芳和的孩子長得特別高，可能也是晨運之故。

「零時體育計畫」的理念是體育課不是教運動，而是教體適能，若能教會孩子維持自己的健康，培養良好的習慣與技能，將能受用終生。與實驗教育強調的自主學習、素養導向不謀而合。

由於著眼於自主運動的習慣，晨運的規劃是七年級建立鷹架，讓學生在老師的支持下進行，八年級會拆掉部分鷹架，歸還部分的自主性。經過兩年的習慣養成，到九年級就沒有固定時間與項目的晨運活動，而是由自己去排定運動計畫，並且執行。

上圖：學生自己發展出的仰臥起坐方式，這樣兩個人可以同時壓腳又能動作。
下圖：可別以為飛輪簡單，要是把體力耗費完，下一關就難過了。

培養體力熱身中

很多人都好奇，晨運究竟是如何讓學生們樂此不疲，準時參與？這是因為每天的晨運就像玩遊戲，四個班級互相競賽。以七年級第一學期為例，每次要做仰臥起坐、跑步、飛輪、立定跳遠四個固定項目，每個項目五分鐘後，輪換下一項，每一關都有一位老師負責帶動與記錄成績。

各項目的規則中，有很多空間讓學生去討論與操作，善用戰術，就能獲得高分。以仰臥起坐為例，規則是每班依照同學的能力分組，分為十下、二十下和三十下三組，每組都至少要有一個人，若完成後每球類基本動作需要一次次的練習，更需要團隊合作互相教授才能過關。

人各得一至三分。新生剛開始參加晨運時，都是緊張地亂了手腳，經過體育老師的引導，就會知道要如何使用策略，例如考慮如何分組？是否要休息？要做幾輪？不同的設定，獲得的分數都不同；而且還要考慮體力分配，因為還有下一關呀！

晨運活動透過設計，讓體能不好的孩子，還是能為班上付出，而不會坐冷板凳。此外，每班為要求表現，很快會出現領導人物帶領大家討論，獨立發展出各自的應變能力；也可以看見在構思如何贏得勝利的過程裡，孩子們都非常投入，這就是團隊的支持與遊戲化設計帶來的動力。晨運完沒多久，成績就會公告了，學生能立刻知道這次與上次成績不同的落差在哪裡。當學年結束時，每班的體能都有顯著的成長。

到了八年級，在晨運的二十五分鐘內，只能選一個單項進行，下一次再調整項目。學生要自己做紀錄，並與自己上一次的成績相比，老師只在旁做觀察與提醒，尊重學生的選擇。目的是養成大家自主運動鍛鍊的習慣，做好九年級的銜接準備。

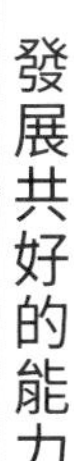

發展共好的能力

在長時間的活動中，可以觀察到班級凝聚力的提升，與孩子們自律、抗壓及服務特質的展現，尤其在第二學期時更為明顯。這時，晨運加入了為訓練球類基礎技術而設定的動作關卡，例如排球發球，若通過人數達到規定，就挑戰成功。當全班都過，就可以進入下一關，若全部的動作都挑戰成功，就可以自由活動。

球類的基本動作可是要穩扎穩打，為此老師們發明了五關的技術塔。每升上一關難度就越高，要求的達標人數雖然會減少，但若未達標就必須退回前一層。由於技術不是一次過關就代表熟練，必須反覆練習才能攻克技術塔。真實情況也如同設計的預想，學生往往卡在關卡中，必須反覆來回挑戰，讓技術更熟練。而因為破關難，當通過最後一關時會擁有非凡的成就感。

會以全班通過為目標，是老師們特別設計的情境，希望讓孩子們發展的能力是「自己好，還要讓周圍同學也好」，若能理解共好的概念，破關的壓力就會促使強的同學下場指導較弱的同學，才能快點破關，也就是離「自由活動」的獎勵越來越近。通常自由活動是指擁有球場的使用權，全班就可以展開練習，這也是為第三學期的比賽做準備。芳和晨運的每一關都有巧妙的連結。

透過一整個學期技術塔的扎實訓練，大部分的同學都能熟練地運用基本動作，當第三學期競賽時，場上的比賽才順暢，才有攻守往來，而不是雙方都是比失誤的爛比賽。

老師們究竟是如何發展出這樣的晨運規則呢？關鍵在於是否能預期學生的反應、在於要讓學生有選擇權，譬如破關的方式，並不是老師怎麼說就怎麼做，而是其中留有選擇空間給學生去操作，選了就要負責，不可後悔。當學生有了承諾就會有耐心接受指導，並完成任務。

柏勛以前在一般學校擔任體育老師，他初到芳和時，非常訝異學校的體育教學，以往他只要教孩子技術，而且是老師說、學生學，的確會培養出一些能力很好的孩子，但大部分仍很弱，落差極大。而芳和利用晨運，以長時間來換取孩子們的體能基礎，讓比較弱的學生提升上來，讓落差減少許多。

除體能的增進外，學生們也不再排斥運動。第一屆的學生目前已經九年級了，他們之中有不少國小時不喜歡體育的人，現在也會利用下課時間出來打球；而前兩年的晨運與外展活動的成效，也慢慢顯現在他們身上，無論是對身體的幫助，以及毅力的培養，更讓他們體驗到自己突破了原本以為的不可能。

外展活動，就是要硬起來！

早上八點，芳和七、八年級的學生、老師、家長會成員們都聚集在新店碧潭的單車租借站前，這天是初階外展的第一天，師生們要騎單車前往關渡，有部分老師與家長已經開始沿線佈建，確保岔路與轉彎處的安全。連平日總穿著洋裝的校長，都換上車衣，為車隊壓陣，並沿路致贈感謝狀給家長。從行前會議到出發的陣容，可以看出芳和全校對於外展活動重視的程度。

外展是最原始的探索式學習

探索式學校的發展脈絡

探索式學習源於1941年英國開啟的外展（OB,Outward Bound）戶外課程，其精神為讓學生藉由戶外探索挑戰未知環境，做好充足準備，並冒合理的風險，挑戰自我的動機和經驗，累積為日後面對困境的助力、個人的韌性與團隊互助合作的素養，亦能轉化為面對學習、面對人生的品格。

外界看芳和在轉型實驗教育時選擇了探索式教育，但殊不知芳和早已經在進行探索體驗教學，只是並沒有以它之名。

尤其是外展，早期在學務處及體育老師的帶領下，比較偏向戶外冒險體驗。國民教育改制為九年一貫的階段時，如前一篇文章中所述，芳和已經將體育課做了一番翻轉，並推動師生進行單車、登百岳等活動，平時更利用社團與體育課，爬學校旁的福州山。九年一貫改制時的變動比三年前轉型實驗教育還要大。

實驗教育的外展活動取經自美國，美國的體育課並不制式，而臺灣的體育課與體育老師，發展脈絡與結構都與國外不大一樣。當要配合實驗教育的課程時，體育組只能用現有的東西去做轉化，除了戶外活動的冒險外，還必須與學科和課程目標做結合。

外展活動規劃成初、中、高三個階段，初、中階所有人都要參加，目前高階為攀登百岳，可自由選擇參加，但要完成山野課程並經測驗通過。（第三年時高階改稱為特階外展，另外設置高階外展為九年級的自主規劃畢業旅行。）

連續三天初階外展

除了將原本的單車、爬郊山等活動對應至轉型之後的外展中，更進一步把城市定向的課程融入，合成為初階版外展活動。設定為連續三天，第一天騎單車從新店至關渡往返；第二天是從「福州山」到「貓空」的福貓大縱走；第三天為城市定向，塑造冒險挑戰的難度與強度，讓學生留下深刻印象，更加符合外展的精神。外展活動除了以體能維繫外，背後所要建立的是學生的品格教育，在這三天學生累到極限時，最能考驗品格。

第一年，只有一個年級四個班的學生參加，目標是將外展活動架

進入芳和，學騎單車是一定要的，第一學期就會舉辦初階外展，將挑戰從新店至關渡來回的行程。

構起來。但第二年怎麼辦？不但會增加一個年級，而相同路線八年級已經走過一次，若沒有賦予他們更深層的責任感與任務，只是單純重複活動，學生會感覺只是為了完成那趟路程，這不是外展的目的。於是，就把「服務」的任務放到八年級的身上，讓他們以走過一次的「過來人」經驗，去帶領七年級這批「新鮮人」，一起完成這趟旅程。期待他們將以往的經驗與體驗傳承下去，並將心比心去帶領學弟妹，體會服務付出帶來的美好感受。在一般教育體制內很難有這樣的機會。

初階外展加上新創意，促成了第二年的形式，也沿用到第三年，成為成熟的模組。回顧第一年是老師在引導學生，第二年多了一批有經驗的八年級，由他們扮演領導的角色，老師則退到幕後。是體育老師也是學務主任的黃清勇，觀察老鳥如何帶領菜鳥後說：「對於實驗教育，我從來沒有經驗，但看見我們的構想被放入並執行成功，其間的感受很微妙。」

但老師被學生帶著走錯路，還不能出聲警告的感受，更微妙。第二天福貓大縱走的行程中，更可看出角色的明顯轉移，原本走一趟福州山都仰賴老師帶著的學生們變成要自己領隊，老師轉變為被帶領的對象，即使走錯路，也只能完全讓孩子去嘗試，有位老師跟著多繞了一個小時；更有走到另一個山頭，下山後已經差之千里，最後只好等待支援的家長開車來救援。

在外展時，「老師只要確保學生的安全，確認好如何撤退外，其他的問題都要交給學生自行處理」，這已經是芳和老師們的共識。登山有如做事與做人，有很多方法可以到達目的地，就看如何選擇，走錯路會如何？這也是學生需要學習的經驗。無論如何，老師的耐心與辛苦是值得的。下山後，孩子會從錯誤的過程中檢討改進，有助於發展需要的能力。

第三天是城市定向，這天是結合學科的外展活動，不僅是體能的考驗，還有知識的探索。

七年級的外展定向活動，要在一定的時間內過關，關卡是由老師依據情境設計出關於學科的知識探索，學生找到答案後，運用系統回傳資訊，確認完成。

八年級則延伸至任務取向的「城市走讀」，從不同領域的學科出發，設計各個領域需要帶回來的成果，在每一個定向點中，依序去找到他們可以用來完成這份任務的相關資訊。

由社會領域老師所設計的城市走讀，像是一場超級任務。這年的主題發想是來自《無法送達的遺書》一書，希望讓學生從其中體驗曾經在這片土地上發生的遺憾，嘗試了解其中的真相。整場活動在老師們一次次的討論中，慢慢豐富了整個活動的細節，成為一天的挑戰。

為了讓學生們更有感，老師們透過情境的設計，以書中真實主

外展的城市定向活動則需要解題過關，或者達成任務。訓練學生們獨立自主的能力，路上也要勇敢的詢問路人，才能達成任務。

角為故事線去發展，設計了定向地點，讓學生在城市中找到主角們生前最後的軌跡，並請外部的老師來解說當時的前因後果，使他們對人權與自由，有更深刻的印象。

開場就十分刺激，學生們被逮捕、收押至小黑屋，然後解謎取得線索後，走出校門找到定點，必須自己搭乘交通工具到指定的地方。景美人權園區是其中重要的關卡，同學們在此體驗主角們曾經的遭遇，老師設計了一些解謎橋段，達成了才能把被關的同伴救出。接著下午再自行趕往六張犁「戒嚴時期政治受難者紀念公園」，在墓區中找到遺書主角的牌位。並聆聽老師敘述每位主角的故事。

結束後回到學校，立刻與小組同學一起討論要如何製作報告，產生作品，才算完成整個任務。

而國文則需要自選城市主題，完成走讀三摺頁；綜合領域則進行傳統市場及超市賣場的無塑消費調查，並參觀無包裝商店；數理計算碳足跡，實踐永續生活的目標；體育則體驗臺北公共空間運動設施；藝術以尋找城市中的裝置藝術及聲音地景作為任務。完成踏查回來後，各小組透過討論與合作，產生一份心得報告。

需要外宿的中階外展

中階的體能活動項目補足體育課無法進行的部分，如獨木舟、高低空繩索等，這些活動學校老師在教學上不一定可以負荷，所以多會找專業人力來協助進行，因此，部分要收費，但老師們也會想辦法去申請補助。

中階外展在體能活動的要求並不高，因為主要的重點是外宿。在外面住一晚的考量，是要培養孩子的自制能力，外宿對於生活自理能力的要求會更多且複雜，如行前要準備攜帶的衣物，晚上要自行烹煮晚餐，夜間是否可準時休憩等，也涉及部分心靈的探索，其中包含綜合領域童軍、家政、輔導三科的統整性規劃及引導。此外，有了外宿經驗，之後才能更好銜接下一階段的攀登百岳。

第一年中階外展是去陽明山的福音園，第一天參加高低空繩索體驗，晚上住在簡易的團體通鋪宿舍，還加入了童軍的野炊和營火，各班要自己準備節目。

意外的狀況是晚餐的部分。野炊時，火生不起來，就得餓肚子等著。老師們不介入，表示這也是一種放手，就在旁邊一面吃便當，一面為學生加油。據說有的學生沒有吃飽，但沒吃飽也是一種體驗，而第二天由老師們安排訂購的早餐，學生們吃得特別津津有味。或許體驗了疲憊、做飯的困難和吃不飽的感受，然後再跟同學講述生活滋味時，才能夠了解真實生活的處境。

二班的佑欣與凱亦對這次的外展活動印象非常深刻，除了當天風很大，火生不起來外，為了表演選歌而大吵架的事件，應該全班同學都記憶猶新。好在大家都吵歸吵，但也因此說出心中的話。他們後來坐在小操場上，背對背不看別人的臉色，舉手投票表決，最後決定繼續表演，並在〈小幸運〉的歌聲中大和解。「表演非常圓滿，而且還得了感人肺腑獎」，並且讓班上同學的情感，重新再凝聚了起來。

第二天去爬陽明山西側的五連峰時，外宿對於體能的影響就顯現出來了。有些人前一晚不習慣而睡不好，有些人則晚上仍然偷偷玩手機打遊戲，爬山時體力明顯不支，也感受到晚睡的影響。如此讓教育貼近真實的生活考驗，讓他們知道為何要自律自制。

過程中，令老師欣慰的是孩子們會主動幫助隊友，有些體能好的孩子很快的登頂，但同班還有些同學落後，走不上來，登頂的孩子會再衝下去，幫同學背包包，希望其他同學可

外展排課，牽一髮動全身

外展活動都是定在週四、週五，所以只要課程排在這兩天的老師都很焦慮，出門三次就少了三堂課，進度往往趕不及。後來教務主任想到一個方式，讓課表大挪移，週三、四、五換成一、二、三的課，然後四、五兩天，就可以挪到週一、二上，讓每個科目的節數比較平均。一般學校應該很難做到這樣的調課，也很難想像居然有這種方式。

以快點一起抵達終點。這一面在平地的環境中很少會有機會看見，也是希望藉由登山培養的品格之一。

高階外展門檻高

高階外展是延續著芳和原本就有的登百岳活動，轉型後也帶著學生登上奇萊南華、雪山東峰、雪山主峰、加羅湖、合歡山群峰、加里山等，一次約帶十多名學生上山，人數的限制是依據山屋與聘請的高山嚮導數量，這兩項條件若沒有滿足，通常就無法成行。

高階外展的過程從山屋抽籤與確認專業嚮導人數開始，專業嚮導人數與學生的比例約一比六。因有固定合作的嚮導，這方面比較不用擔心；最大的變數應該是抽山屋，原則上應該是要等確定抽到山屋才開始報名，但訓練的時間會比較拮据。有一次挑選成員與抽山屋同時進行，沒想到山屋沒有抽到，於是只能改地點去了可以搭營的加羅湖。這個無法掌控的變數，學校正在設法解決。

報名登百岳的同學，需要參加登山基本課程訓練，並且通過考驗才有資格上山。

當確認人數後，就開放給學生報名，報名後，學生就要開始進行自主體能訓練及通過體能檢測，例如必須能連續跑步一個小時不停，當作基本門檻，還要接受為期一個月的登山基本課程，包括無痕山林的概念、野外怎麼處理食住與如廁等問題，達成所有要求才可上山。

上山時，學生必須自己背裝備，如替換的衣物、睡袋，分攤炊事用具、營帳、公共糧食等，加起來至少八公斤以上，所以行前會有一次八公斤負重登象山的考驗，若無法通過，就不能上山。

登百岳時還有一個很大的特色是任務分工，輪流擔任當日領隊、前導、水寶寶、計時、紀錄、檢查者、押隊等工作，其中當日領隊

上山後，安全最為重要，高山嚮導會利用機會說明注意事項，之後就由學生自己負責

LOD（Leader of the Day）最為關鍵。通常LOD會由有意願的學生擔任，負責「一日嚮導」的工作，帶領大家行進。雖然隨隊有專業嚮導陪伴，但他們僅協助安全防護等，不介入登山的活動，學生們必須自己擔負起各種任務與責任。

這個年紀的孩子多半比較浮躁，在爬山的過程中，老師們發現如果大人帶孩子走，他們可能會不耐煩或自己走自己的不管別人，可是若做角色的轉變，讓孩子當領導者，擔任嚮導帶著所有人到達目的地，這時就會立即且明顯地看出他的改變：他的不耐煩消失，會隨時注意隊友是否有跟上，會主動詢問大家是否休息夠……，由於被賦予任務與角色的轉變，孩子呈現出來的狀態完全不同。

有一年攻合歡西峰時，全程都是由學生自己控制速度，最後沒有成功攻頂，原因是時間來不及，即使路上學生們討論後決定，中途不要停下來休息，而是以途中有些階段放慢速度來緩和一下，但還是來不及。最後，孩子們勇敢地做出返回登山口的決定，他們知道寧可沒攻頂，也不要受傷，若無法及時返回，會面臨安全的危機，這些訓

練時給予他們的觀念，確實成為他們行為判斷的準則。雖然沒有攻頂，雖然有些遺憾，但卻成為未來的期待。有時失敗反而是難得的經驗，成為人生的養分，這也是外展教育中很重要的體驗。

下山前，專業嚮導會為學生們安排一段獨自行走的機會，讓孩子對這次登山的體驗更深刻。專業嚮導會找一段沒有安全疑慮的路，每十分鐘放一個孩子下去獨行，這段獨走與心情的沉澱，成為百岳活動中令孩子記憶深刻的一環。定濂回家後跟家人分享，他覺得那段時間感覺特別好，一個人走在路上，頭腦特別清醒。那次回來後，父母就覺得他長大了，抗壓性也變高了。

老師們也有難以忘懷的記憶，清勇主任回憶道，他曾因為干擾當日領隊的決定，回來被糾正。

記得那天擔任嚮導的學生，被同伴一直唸著「走太慢了，可不可以走快點」。學生畢竟不成熟，也還在學習帶領的階段，被同儕影響下竟開始一路狂奔，讓後面的隊伍跟不上，可以說是失職。此時清勇主任忍不住提醒說：「後面脫隊了，你應該要適時的調整速度。」結果當下孩子就崩潰大哭，覺得自己委屈，無法滿足同學和老師的期待。

在高山上，老師的角色更難，因為顧慮安全問題，情緒常在心內的小劇場中拉扯。有時在大家都走過去後，才發現當日領隊剛帶領走過的那段路竟然非常危險，卻沒有提醒大家，讓人後怕地直冒冷汗。

清勇主任還記得那孩子哭完，他就走過去跟他道歉，表示不該剝奪了他領導的權力。心情修復的過程是漫長的，下山後，每過一段時間，他還是會去跟那孩子談談當時的狀況。

品格教育生活化

ELS將品格特質區分為兩種：

1. 成就品格：在追求高品質的學業表現所需要培養的品格，亦即做學問的習慣，如專注、堅持、負責等。
2. 關係品格：善待他人，運用好品格經營人際關係，並能關心世界、服務他人，其核心價值包含關懷、仁慈、尊重、誠實、正直等特質。

在芳和，很多老師都跟他一樣，在教育的現場中學會信任與放手。開始習慣等待，讓學生自己去做決定，讓他們先沉澱，然後再對自己的行為負責。

看起來熱鬧有趣的外展活動，事實上是許多行前的規劃、設計與安排所成就，還包括老師們的辛勞與血淚交織，但也因為實驗教育的轉型，讓老師們有機會嘗試以這樣的方式培育學生，並一路陪伴看著他們成熟成長。

轉型後第三年，外展活動將更進一步跨領域整合，也配合學校整個行政體系的改組，成立了外展探索中心，由專職的主任來作統合與規劃，也將登百岳改稱「特階外展」，同時新增所有人都要參與的「高階外展」：內容是由學生規劃屬於自己的畢業旅行，期待他們將三年所學，應用在新的高階外展活動中。

學習慶典真的是所有人的豐收！

若「驚嘆號」能被看得見，學習慶典這天，芳和校園中可能會被這個符號所填滿，因為家長一直在驚嘆中。有人覺得國中生學習的內容跟大學一樣，太厲害了；更有人彷彿重新認識了自己的孩子。

芳和的家長很少看到孩子在做作業，因為幾乎所有的學習內容都在Google Classroom上，並多在課堂中做完。若是孩子不主動分享，父母對他們在校的狀況有可能一無所知。因此，當眼前突然出現孩子的作品時，驚喜與訝異是自然而然的反應。

芳和轉型實驗教育後，學生透過每學年末的「學習慶典」，整合

第一年的學習慶典比較有團隊感，報告時還能大家互相支援。

展現他們一年來的學習成果。實驗教育第一屆的同學，已歷經了七、八年級兩次學習慶典，但身處「實驗」的他們，兩次慶典的呈現方式完全不同，其中轉折也是實驗三年中值得一書的重點。

返回原點，以學生為主體

第一年很像教學成果展，由各領域老師負責規劃展示與布置，學生負責繳交作品。第二年的研發處主任唐韶鈴記得「第一屆比較倉促，加上是要呈現教學成果，很多都是最後一兩週才能準備。所以老師很辛苦，每一個領域都有一間教室，要布置所有學習成果；孩子們也很累，每一科都要做，還要加上主題與專案課程，但家長來參觀後都看得高興。」

一班的媛琪當時在教室中擔任主講，並且負責回答家長的問題，她覺得第一年更多是團隊的展現，由同學們一起分享這學期學到了什麼，而且因為是團隊呈現，過程中可以互相支援。

而第二年的重點是學習彙報，完全考驗個人能力，讓孩子們往「自我導向學習者」的目標再往前一步。每人有八分鐘的報告時間，主題自訂，因此必須找到一個切入點，分享自己學習的收穫。媛琪在慶典前一個月，瘋狂想著要如何架構這次的報告，然後，製作簡報直到前一天才定案。對於認真的學生而言，新型態的學習慶典是重量級的作業。

第二次學習慶典之所以改弦易轍，是第一次結束後的反思。老師們認知到學習慶典應該以學生為主體才對，要增長的是學生的能力，而不是老師，否則不就跟一般的教學成果展一樣，於是第二年立刻改變方式。

學習慶典可以立刻調整好方向，關鍵人物是時任研發主任的韶鈴老師，她覺得應該回歸原本探索式教育的精神，因此為了搞懂學習慶典的來龍去脈，仔細研究美國探索式學習的指引，然後一步一步的帶著老師去檢討學習慶典，並回到原點。

這次老師們希望做到：老師放手，讓孩子自己負責布展。因此，

學習慶典將會是芳和學生在國中生涯中的重要印記。

安排全校老師擔任指導老師，由學生主動邀請，需要時可尋求指導老師在方法上給予協助。

找到自己的主場

對於大多數學生而言，成為班上的焦點人物不是一件簡單的事情。通常要透過參加表演或者體育競賽，才能被同學們看見，而有相關經驗的人，大都表示這樣的經歷非常難忘，且能讓自己充滿自信。因而，探索式學習希望利用分享學習作品，讓他們能擁有成為焦點的機會；並且透過別人的認可，對於學習產生更大的動力。

慶典中八分鐘的展示，形式不拘，只是希望讓每個孩子都能走上舞台，展出覺得驕傲與自豪的作品，找到自己的主場。當時孟歆老師還提議，趁此機會，可以讓大家順便蒐集直升高中需要的書審資料，因此除了學習彙報外，還要挑出自己精華的學習成果，製作作品集。

到了慶典當天，每間教室都安排了學生報告的時間表，家長與來賓們可以選想聽的場次，進入教室入座，聽完報告後，還可以提出問題，就像一場專業的研討會。

媛琪為了學習慶典辛苦了一個月，她的主題是「不再以成績定義自己」，並與台下的來賓分享她的藝術創作，以及在芳和這兩年的成長，讓家長們一方面認識她是一個怎樣的人，另一方面也了解不同的人，在芳和會有不同的發展，因為這裡是個適性揚才的環境。報告結束後，她對自己的表現還算滿意，並發現自己很喜歡有壓力的感覺，這次的報告有機會能獨當一面，可以說是她國中生涯的里程碑。

但媛琪覺得同班同學冠辰的表現更令人印象深刻，他當天穿著西裝，像個小大人般，挑選了三個科目來分享，是國文、地理和英文。其中地理的呈現方式較特別，他穿插了課堂上製作的影片，邊說邊放，台風穩健，還講到超過時間。

媛琪與冠辰表現好不令人意外，他們本來表達能力就非常出眾，

第二年的學習慶典，每個人要準備八分鐘的學習彙報，展現兩年來的所學與改變。

反而是某些平時較內向的同學，上台後一鳴驚人。如二班的宇亮表現就很優異，當場吸引很多人駐足聆聽。宇亮媽媽說他平時看起來沒有什麼動力，總是很閒散的晃來晃去，讓人很擔心，但沒想到在活動時，會突然卯足全力，做出很好的作品，學習慶典那天宇亮媽媽很感動，也思考了孩子能有如此的爆發能力，想必平日就有在累積，或許真的不用太擔心孩子，可以讓他們自己成長。

定濂媽媽說：「這跟我所認識的兒子不同啊！」她還記得小學時定濂總是躲在自己身後，不大與人接觸，但沒想到來到芳和後，學會了表達自己，還能上台侃侃而談，且對自己的簡報內容與脈絡非常清楚，報告時很有條理。

敢於挑戰不同環境的佑欣，則在學習慶典上感性地訴說自己的成長歷程，她是如何決定國小畢業後，從木柵穿越辛亥隧道來唸芳和；如何在此因為參與活動、與同學同甘共苦，並在老師與同學的鼓勵下，漸漸忘記了以前曾有的自卑，找回了自信。

家長們不是只有對自己的孩子感到滿意，觀察其他孩子的作品後，訝異每個人的優秀與特別，也深受感動，而且之後家長們每次碰面，似乎都忍不住會聊起學習慶典上看見的孩子們，並且依然嘖嘖稱奇。

那天，有的人報告社會領域中對議題的想法，有的描述外展的挑戰，多樣化的國文課最被學生青睞……他們原本都抱怨八分鐘好久，沒想到每個人上台後幾乎都能說滿八分鐘；本來擔心台下人多會很緊張，但事後有人覺得自己的場子觀眾太少，有失落感。由於要忠實呈現，當有學生離了題只講自己的興趣、有學生的學習歷程檔案一片空白、有學生沒有到場……老師也都忍住不干預，畢竟選擇實驗教育的孩子們，都擁有很棒的父母與家庭支持，需要的反而是試錯的機會與經驗，所以並不需要過於介入與擔心。

也是老師的慶典

在第二屆學習慶典的檢討會中，老師們普遍認為有達成目標，看到學生們能夠呈現完整的研究流程，運用學到的數據分析、資料整理的方式，呈現了主題設定、方法選擇等步驟，以及分享遭遇的困難與克服的方法等等，最後還提出結論。可見平日課堂上的學習，都有吸收內化。老師們只要把方法教給學生，放手讓他們去做，大部分的學生都能完成任務，並做出良好的示範。下一次有了前例可循，學習慶典絕對會愈來愈好。

此外，老師們也發現，學生的選題是另一種教學檢驗。因為在短短的八分鐘內，學生會選擇的主題，一定是他最有感的科目或任務。所以，之後在課程設計上，除了要考慮讓學生學到能力外，能引起學生的共鳴也很重要。

從確認轉型實驗教育以來，老師的學習與成長不比孩子少，這場慶典，也屬於所有辛苦投入的師長。

結語

回頭看與向前看，都有風景。

芳和實驗國中於一〇九年完成了三個年級的改制，也迎來了高中部的成立，並於一一〇年正式招生。首屆，國中部有二十五位可直升的名額，只要符合資格，透過甄選就可以進入高中部。也表示第一屆的學生有機會延伸完成六年一貫的實驗中學教育，讓學生們有另一個選擇。

最忙碌的國中生就要畢業了

芳和實驗中學第一屆的學生們，在一〇七學年入學後，可以說是最忙碌的國中生，他們在學校中，要學習部定的課綱課程、要參與實驗教育的探索課程、要考段考、還做多元評量、要產出作品、要上台報告、要參加晨運、還要自創社團……此外還有校隊可參與。現在，本書進行製作之際，已經是最後一學年的第三學期，他們正在一面規劃高階外展的畢業旅行，一面準備會考。而且，還要自己思考強弱優缺，擬定讀書計畫。在在都考驗他們這三年的所見所學。

他們在第二年的學習慶典中就讓大家驚艷了。許多家長在看過後紛紛感嘆：孩子們的作品與表現，是以往家長們在大學時代才做得出來的。也有家長因而擔心在國中就學會這些技能，那麼以後進入高中或大學後，會不會很失望？而他們未來回到體制內是否會不習慣？

其實，這群孩子經過這三年，早已培養對環境的適應力，以及面對挑戰不放棄的信念與勇氣。若看過書中的文章而至此，應該能理解塑造他們的歷程。

老師常帶著學生們出門看展覽、看電影，
藉由課外活動，拓展眼界與格局。

探索式學習的主體是學生，在每一堂課開始前，都會讓學生明白這堂課的學習目標。秋霞老師在代表學校參加ELS年會時，曾聆聽一位優秀學生的致詞，令她印象深刻。

從小學到中學，一路以來，我都是唸探索式教育，進入大學時，我嚇壞了，因為沒有探索式大學，我的過去跟一般同學都不一樣，我要怎麼辦？

但當第一天進入教室，坐下後拿出筆記本，接著是很習慣的問自己，「我今天的學習目標是什麼？」

然後就看了課表，自問「那我想要知道什麼？」接著就在筆記本上寫下想問的問題與想法，就不擔心了。

這位學生最後獲得全美最優學生的榮譽。原來，探索式教育早讓他領略到自己是學習的主體者，想學習什麼，都可以自己做主，並已經養成主動學習的習慣。有目標、有計畫、有方法，又是自己的主宰，成就當然與眾不同。

同樣的，在芳和的老師們不教學生做什麼，而是引導他們知道

該如何去學，並養成他們的能力。期望每個孩子建構自己的學習地圖，能夠安排屬於自己的學習進程，經由各種探索體驗的歷程，建立起自主學習的能力，去面對所有的挑戰。最終他們的收穫或許不是優異的成績，但絕對會懂得如何去選擇，並且有能力去實現那些自己所選擇的未來。

而老師們就像是懸崖邊的麥田捕手，專心的守望，等待更多的孩子來到。

從國中到高中，累積的過去與更挑戰的未來

自獲准籌辦高中以來，又是新輪迴的開始。從教師甄選、課程研發、行政整合……均針對六年一貫再來一次，雖然複雜度與難度都更加提升，但承繼前幾年的國中經驗，在判斷與取捨上更有依據，試錯的機會也降低。

政大教育學系湯志民教授對於實驗教育推動不遺餘力，而且是校園建築規劃方面的專家，在退下臺北市教育局局長後，依然關注芳和。因為芳和校園的腹地小，加上需要收集對實驗教育的建議，琬茹校長也常請教湯教授的專業意見。其中影響最大的是在高中部籌備時，他提醒芳和，即使在同一個校園中、就算學生是直升，也要讓高中部有新局面的感覺，並建議高中部可以嘗試「課程中心」的模式。

經過校內討論後，也希望隨著孩子成熟度的增加，賦予他在更多在學習上的自主空間，因此，未來芳和高中部將採用「跑班制」，在硬體上會設置所謂的「home base」，像國外學校一樣有個人的置物

校長向九年級學生說明直升高中部的相關事宜。

櫃，進校後能先在此置物，然後才進教室上課，這樣的高中生活，令人有著不同的期待！

在課程方面則承接國中部的方向與內容，每週三上午，老師們固定展開高中部的跨領域課程共備，瑩光教育協會理事長藍偉瑩，每個月會前來一次，陪伴老師們一起討論，並給予提點與支持。

雖都確知方向，但沒有人有絕對的把握，不過，全校一體、擁有共同的教育理念，應該就能戰勝一切，而且有變動才是正常的，才是實驗教育的現場日常，老師們的心臟都愈來愈堅強。

踏上這場實驗教育的征途至今，竟已經可以回頭看了，好似看著山下熱鬧的城鎮建築，過往的辛苦、困惑、壓力、喜悅都歷歷在目。回想四年前，大家還在摸索方向，又有誰料到高中部如此快速的誕生。就像是辛苦攀上山頭，抬頭看見一道彩虹的感覺。

實驗教育三法修正以來，臺北市教育局推動實驗教育不遺餘力，無論是公辦公營實驗學校、非學校型態實驗教育團體或非學校型態實驗教育機構，數量與素質都領先各直轄市，而芳和身為領頭羊，又將建構六年一貫的實驗教育體制，相信挑戰與考驗也會接踵而來，但為了給孩子更好的未來，提供家長更多教育選擇，芳和似乎責無旁貸。

值得敬佩的老師們，請繼續前進，有一天定能攻頂，讓更多孩子能享受到實驗後的果實。

芳和高中部的規劃

芳和高中部每年級將各有三班、50位學生，以精緻小班模式來進行各類課程、活動、輔導及諮詢，佐以「課程中心模式」的學習空間規劃，也就是跑班模式。

課程著重於發展讓學生自主探索與解決問題，透過10年級「研究方法」的基礎，到11年級「專題研究」的實踐，再到12年級的「創業思維」、「社會倡議」與「國際溝通」課程，以及「科技應用」、「永續議題」、「書報討論」等三大類選修課程，開展學生探索城市相關議題的專精學養，蓄積成為「城市行動家」的能量與視野。

國家圖書館出版品預行編目資料

一起踏上實驗教育的征途：臺北市第一所公辦公營實驗中學的遠征探索式學習經驗分享/臺北市芳和實驗中學著. -- 初版. -- 臺北市：商周出版：英屬蓋曼群島商家庭傳媒股份有限公司城邦分公司發行, 2021.04
面； 公分. -- (商周教育館；45)
ISBN 978-986-5482-94-7(平裝)

1.臺北市芳和實驗中學

524.833/101 110005115

商周教育館 45

一起踏上實驗教育的征途

——臺北市第一所公辦公營實驗中學的遠征探索式學習經驗分享

作　　者／臺北市芳和實驗中學
特約編輯／葛晶瑩
文字整理／葛晶瑩
企劃選書／黃靖卉

版　　權／黃淑敏、吳亭儀、邱珮芸
行銷業務／周佑潔、黃崇華、張媖茜
總 編 輯／黃靖卉
總 經 理／彭之琬
事業群總經理／黃淑貞
發 行 人／何飛鵬
法律顧問／元禾法律事務所王子文律師
出　　版／商周出版
臺北市104民生東路二段141號9樓
電話：(02) 25007008　傳真：(02)25007759
blog: http://bwp25007008.pixnet.net/blog
E-mail：bwp.service@cite.com.tw
發　　行／英屬蓋曼群島商家庭傳媒股份有限公司城邦分公司
臺北市中山區民生東路二段141號2樓
書虫客服服務專線：02-25007718；25007719
24小時傳真專線：02-25001990；25001991
服務時間：週一至週五上午09:30-12:00；下午13:30-17:00
劃撥帳號：19863813；戶名：書虫股份有限公司
讀者服務信箱：service@readingclub.com.tw
城邦讀書花園 www.cite.com.tw
香港發行所／城邦（香港）出版集團
香港灣仔駱克道193號東超商業中心1樓_ E-mail : hkcite@biznetvigator.com
電話：(852) 25086231　傳真：(852) 25789337
馬新發行所／城邦（馬新）出版集團【Cite (M) Sdn Bhd】
41, Jalan Radin Anum, Bandar Baru Sri Petaling, 57000 Kuala Lumpur, Malaysia.
電話：(603) 90578822　傳真：(603) 90576622

照片提供／臺北市芳和實驗中學
學校LOGO設計／鄭中勝
封面設計／林曉涵
版面設計／林曉涵
印　　刷／中原造像股份有限公司

■2021年4月29日初版一刷
Printed in Taiwan
定價360元

城邦讀書花園
www.cite.com.tw
 ISBN 978-986-5482-94-7

請於此處用膠水黏貼

讀者回函卡

不定期好禮相贈！
立即加入：商周出版
Facebook 粉絲團

感謝您購買我們出版的書籍！請費心填寫此回函卡，我們將不定期寄上城邦集團最新的出版訊息。

姓名：________________　性別：☐男　☐女

生日：西元________年________月________日

地址：________________

聯絡電話：________________　傳真：________________

E-mail ：

學歷：☐ 1. 小學 ☐ 2. 國中 ☐ 3. 高中 ☐ 4. 大學 ☐ 5. 研究所以上

職業：☐ 1. 學生 ☐ 2. 軍公教 ☐ 3. 服務 ☐ 4. 金融 ☐ 5. 製造 ☐ 6. 資訊

☐ 7. 傳播 ☐ 8. 自由業 ☐ 9. 農漁牧 ☐ 10. 家管 ☐ 11. 退休

☐ 12. 其他________________

您從何種方式得知本書消息？

☐ 1. 書店 ☐ 2. 網路 ☐ 3. 報紙 ☐ 4. 雜誌 ☐ 5. 廣播 ☐ 6. 電視

☐ 7. 親友推薦 ☐ 8. 其他________________

您通常以何種方式購書？

☐ 1. 書店 ☐ 2. 網路 ☐ 3. 傳真訂購 ☐ 4. 郵局劃撥 ☐ 5. 其他________

您喜歡閱讀那些類別的書籍？

☐ 1. 財經商業 ☐ 2. 自然科學 ☐ 3. 歷史 ☐ 4. 法律 ☐ 5. 文學

☐ 6. 休閒旅遊 ☐ 7. 小說 ☐ 8. 人物傳記 ☐ 9. 生活、勵志 ☐ 10. 其他

對我們的建議：________________

____

____

【為提供訂購、行銷、客戶管理或其他合於營業登記項目或章程所定業務之目的，城邦出版人集團（即英屬蓋曼群島商家庭傳媒（股）公司城邦分公司、城邦文化事業（股）公司），於本集團之營運期間及地區內，將以電郵、傳真、電話、簡訊、郵寄或其他公告方式利用您提供之資料（資料類別：C001、C002、C003、C011 等）。利用對象除本集團外，亦可能包括相關服務的協力機構。如您有依個資法第三條或其他需服務之處，得致電本公司客服中心電話 02-25007718 請求協助。相關資料如為非必要項目，不提供亦不影響您的權益。】

1.C001 辨識個人者：如消費者之姓名、地址、電話、電子郵件等資訊。
2.C002 辨識財務者：如信用卡或轉帳帳戶資訊。
3.C003 政府資料中之辨識者：如身分證字號或護照號碼（外國人）。
4.C011 個人描述：如性別、國籍、出生年月日。

請於此處用膠水黏貼

廣　告　回　函
北區郵政管理登記證
北臺字第000791號
郵資已付，免貼郵票

104　台北市民生東路二段141號2樓

英屬蓋曼群島商家庭傳媒股份有限公司城邦分公司　收

請沿虛線對摺，謝謝！

書號：BUE045　　書名：一起踏上實驗教育的征途　　編碼：